班主任必备丛书
BANZHURENBIBEI
CONGSHU

小学班主任
表扬与批评学生的技巧

尹江石　编著

吉林文史出版社

图书在版编目（CIP）数据

小学班主任表扬与批评学生的技巧/尹江石编著．——长春：
吉林文史出版社，2012．12（2021.6重印）
（班主任必备丛书）
ISBN 978-7-5472-1340-7

Ⅰ．①小… Ⅱ．①尹… Ⅲ．①小学-班主任工作
Ⅳ．①G625.1

中国版本图书馆 CIP 数据核字（2012）第 297388 号

班主任必备丛书

小学班主任表扬与批评学生的技巧

XIAOXUE BANZHUREN BIAORANG YU PIPING XUESHENG DE JIQIAO

编著/尹江石

责任编辑/高冰若

封面设计/小徐书装

出版发行/吉林文史出版社

地址/长春市福祉大路5788号

邮编/130118

网址/www.jlws.com.cn

印刷/三河市燕春印务有限公司

开本/710mm×1000mm　1/16

印张/14　字数/180千字

版次/2013 年 1 月第 1 版　2021 年 6 月第 3 次印刷

书号/ISBN 978-7-5472-1340-7

定价/39.80 元

目 录

目录

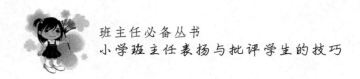

目录

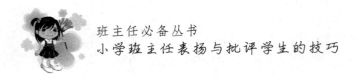

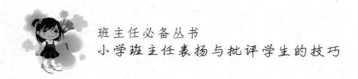

结合篇

表扬篇

第一章　多多益善
——表扬的必要性和准备

第一节　表扬是小学班主任的家常菜

在小学班主任的教育策略中，表扬是一种最常用、最有效的方法。如果把小学班主任比喻成一位善于料理各种原食材的大厨，那么，精巧的表扬便是小学生班主任的一道家常菜。如何将表扬的技巧发挥到淋漓尽致的境界，不仅体现了班主任管理班级的高超素养，还有助于营造师生之间和谐美好的亲密关系。

☺ 表扬是小学教育的第一信条

所谓信条，是指普遍相信的任何原则或主张。在小学教育中，赏识教育作为中国土生土长的教育方法，已经得到广泛的认可与实施。虽然赏识教育的本质不是表扬加鼓励，但是表扬作为赏识教育的一种常态表达方式，也成

表
扬
篇

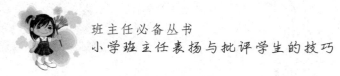

为了小学教育的第一信条。

由于小学生的心理发展水平较低，自身达成目标的主动性、自律性较差，小学班主任往往需要采用一些能够引导学生兴趣与积极性的策略，比如在物质奖励上，可以采用小奖品、小奖状等方法；在精神鼓励上，口头表扬则是一种简便易行、影响弥久的方式。

在小学阶段，小学生的身心始终处于一个发展的过程，性格、习惯尚未成熟，处事能力较弱，在学校中经常会犯各种或大或小、或有意或无意的错误。如果学生在学校里经常体验到的都是失败，那么他们为了自尊心免遭进一步伤害，就可能放弃上进的努力，或者产生退缩心理；或者为了寻求一时的心理满足，达到暂时的心理平衡，就以扰乱课堂、破坏公物等更明显的错误行为来显示自己的力量，引起教师和同学的关注。因此，对于这些成功体验较少的学生，班主任要注意帮助他们获得成功的体验，激励他们积极向上。

很多时候，学生虽然取得了良好的成果，但并不意味着从这个成果中得到了成功的体验，表扬便是从成果到成功体验的提升剂。小学生在做事时，往往只注重了事情的结果，对事情的发展过程，以及在过程、结果中所反映出来的问题缺乏深入思考的习惯，更缺乏从思考中获得深刻体验的能力。所以，班主任要积极关注学生的成果，及时表扬，增加学生的成功体验。

表扬是一门艺术。对于班主任来说，表扬的艺术没办法跟着师傅学来，照搬全套，只能是自己在思索或者在实践中探索得来。每个人都会表扬别人，但是有的人善于表扬，有的人不善于表扬。善于表扬的人，让别人听着非常舒服而不会觉得有刻意的做作之感。作为一名教师，对学生的表扬，如果是真诚的表扬，就会真正地打动学生的心，让学生体会到老师的关心、期待和鼓励。那是一种心与心的交流，能让学生如沐春风，真正感觉到老师对自己的尊重、信任和理解，能从心底激发学生对学习、工作和生活的热情。

而不善于表扬的，即使是在表扬别人时，总是给人感觉是想点却点不到位，有点像隔靴搔痒！甚至有时给人感觉有造作之嫌！掌握了表扬这门艺术，班主任必会受到学生的喜爱！艺术地使用表扬，可以拨动学生的心弦，就如同一个高明的琴师一般，在琴键上弹奏出优美的乐章！

☺ 好孩子是夸出来的

一位西方作家说，一个人的智慧不是一个器具，等待老师去填满，而是一块可以燃烧的煤，有待老师去点燃。马克·吐温也说过：只凭一句赞美的话，我就可以快乐两个月。在日常生活中，每一个人都希望得到别人的表扬，因为表扬是一种鼓励，是一种肯定，也是一种心理的需求。表扬可以让平凡的生活变得美丽，表扬可以把人世间不协调的声音变成美妙的音乐，表扬可以激发人的自豪感和上进心。也许一次小小的表扬，就能改变人的一生。其实，在你表扬别人的同时，自身的境界也得到提升。因此，我们应该学会真诚地去表扬别人。

有位教育学家讲过，追求社会的承认是催人进步、前进的原始动力。人的情感依赖性最强，正处于思想尚未成熟但自我意识又很强的小学生，能够得到外界的客观首肯，那将是一种触动心灵的激动，这种激动是以内心的满足为基础的。因而不经意的一句夸奖甚或是有意的夸奖，对于一个常常得不到别人青睐的小学生来说，对于他心灵的触动都将是非常巨大的，但是这一点常被班主任或其他任课教师所忽略。

对于学生来说，表扬的实质是对人格尊严的一种维护。小学生的心智虽然不成熟，但是他们对人格尊严的敏感度不亚于成人，甚至有时候会表现出一种较强烈的带有偏执性的尊严感。法国教育家第惠多斯说："教育的艺术不在于传授本领，而在于提升激励、唤醒和鼓舞。"这种饱含着情感的激

表扬篇

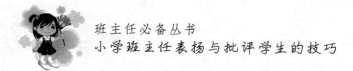

励、唤醒、鼓舞，对于每一个学生的人格尊严都是有价值的，都会对他们产生令人欣喜的力量，在别人的肯定与本身的自信中得到呵护、成长。只要教师不吝惜自己对学生的欣赏与夸奖，每个孩子都可以成为在某一方面更优秀的孩子！

现在，很多班主任已经认同"人是表扬出来的"教育理念。但也有很多教师存在着较为传统的观念，认为"玉不琢，不成器，人不磨，难成才"，光表扬怎么能行呢？其实，这两种观念并不矛盾，二者可以说是不同维度的理念。班主任教育学生，自然要为学生创造或提供各种锻炼、磨炼的机会，但是在这种"琢玉"的过程中，表扬作为一种教育学生的艺术是必不可少的，一句表扬的话语能发挥的作用是难以想象的。

表扬的话谁都爱听，它可以使你感到愉悦，使你产生动力，成为进步的助推器，甚至帮助你获得成功。对于老师来说，更不要吝啬对学生的表扬。放大学生的长处，及时地发现他们身上的闪光点，让他们快乐地学习，这样会事半功倍的。苏霍姆林斯基说过："赞扬差生极其微小的进步，比嘲笑其显著的劣迹更文明。"心理学家也认为，每个学生都有成为好学生的欲望，教育就应该让教育对象"找到我是好学生"的感觉。受到表扬的学生不会变坏，因为表扬能帮学生建立自尊、自信和实现自我价值。一个有信心的学生，一定会努力向目标前进，追求自我肯定；一个有自尊的学生定能稳健地成长，适应环境。

表扬，推动小学生心理的成长，也使他们得到智力发展的动力。好孩子是夸出来的，这句话告诉我们一个道理：学生不是因为聪明受表扬，而是表扬会使学生更聪明。心理学研究表明：对人的良好思想和行为做出肯定的评价，能使人产生愉快的情感体验，受到鼓舞，并焕发出更大的积极性，从而激发出追求新的目标和新的成功的强烈要求和愿望。表扬的目的是使受表扬的学生明确自己的优点和长处，并得到进一步的巩固和发扬，它是一种积极的"强化"，是调动学生积极因素的重要手段。

班主任的表扬会让学生创造奇迹，促进整个班级的发展。小学生的想象力和创造力要好于中学生、大学生，如何让小学生的这两种能力得到更好的发挥，班主任要做得更多的并不是方法上的指导，而是精神上的鼓励。班主任老师的表扬，有助于学生克服"怕出错"的心理负担，敢想敢做，往往会创造出令大人意想不到的奇迹。

认识到"夸"对孩子成长的积极意义，同时也要把握好"夸"的分寸，这种"夸"，不是虚夸。值得注意的是，"好孩子是夸出来的"理念虽然在美国受到广泛认可，但是现在美国教育界也开始反思，一味、过高地夸奖，是否有利于学生对自身能力做出正确的评价。这也提醒我们，在通过表扬让学生得到成功体验的同时，绝不能过分夸耀学生的成绩，从而避免使学生产生过分自信甚至自满的心理。班主任的表扬性评价，一定是个性关注与理性标准的结合。

☺ 怎样表扬更有效

新课程提倡教师多给孩子一些鼓励，多给孩子一些表扬，让孩子在自信中快乐学习。很多老师就说，我经常表扬我的学生，可是慢慢地，许多孩子对表扬就无动于衷了，表扬已经大大地"贬值"了，对孩子的激励作用越来越小了。出现这种状况，不是因为表扬本身有问题，而是教师没有使用好表扬这种有效的奖赏方式。所以，班主任在表扬学生的时候，应注意以下问题：

1. 表扬不是达到目的的手段，而应该是一种信念。表扬是一种对学生良好表现的奖赏，是激励学生努力学习的动力。有的教师把对学生的表扬作

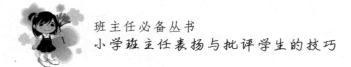
为提高考试分数的手段,把对学生的表扬作为让学生喜欢自己所授课程的筹码,这种表扬就是廉价的。久而久之,学生和教师都会对表扬感到疲惫。同时,班主任要注重精神鼓励,适当物质奖励,使学生认识到自己行为的意义,具有荣誉感、上进心。

2. 表扬应该是真诚的。有研究发现,有的教师在表扬他们喜欢的学生时,是真诚和自发的,说的时候会微笑,并表扬真正的成就。这些教师对那些他们不喜欢的学生,表扬的频率并不少,但通常不是温暖的、自发性的,经常表扬的是学生的外表或行为本身,而不是成就。教师表扬的频率和学生取得的成就并不是呈正相关的,只有那些发自内心的真诚的表扬才会真正激发学生学习的努力。真诚的表扬来源于教师对学生的爱,对教育的爱。

3. 要表扬真正值得表扬的成就。有些学生不把表扬当回事,不认为教师的表扬是让自己感到激动的奖赏,是因为成就太小了,不值得表扬。如果一名一年级的小学生因为坐得端正受到老师的表扬,他会非常高兴,并会愉快地坚持端正的坐姿。但是,如果是一名五年级或六年级的小学生因为坐得端正受到老师表扬的话,他可能就会不高兴,他会想:我都这么大了,这点小事还做不好吗?也太小瞧我了!所以,班主任要选择表扬的内容与对象时,一定要仔细斟酌,思考对于学生的表扬是否有意义。

4. 要实事求是,恰如其分。不要无端地滥夸奖,否则会使学生滋长虚荣心和自满情绪,同时要让学生从我们的"表扬"中知道自己哪些地方确实是值得保持的。比如有些老师喜欢用"你真棒"、"你真不错"、"你真了不起"等语言很笼统地表扬学生,而学生根本不知道自己哪里做得好。我认为应该用"你的字写得很好看"、"你作业本保持得很干净"、"你读得很有感情"、"你说得很有条理"等比较具体的语言表扬学生,使他们真正明白自己的优点并加以保持。

5. 表扬之前要调查。表扬是老师对学生良好表现或已取得的成绩的肯定性评价，对学生本人和他人都有很大的激励作用。有些学生为赢得表扬，掩饰过错，会制造一种假象，如通过考试作弊而取得好成绩，班主任如果一时冲动，误认为是其"闪光点"而大加溢美之词，非但不能促其进步，还会助长其投机取巧的侥幸心理，且容易使其他学生仿效，给表扬带来许多负面效应。所以，表扬之前也要调查清楚。

当班主任们在运用表扬的艺术技巧后，却未达到预期的教育目标时，一定是在某方面出了问题，很多有关细节上、心理上或情绪上的问题，值得班主任们好好反思。

第二节　为学生多创造一些受表扬的机会

《新课标》提出，既要关注学生知识与技能的理解和掌握，更要关注他们情感与态度的形成和发展；既要关注学生数学学习的结果，更要关注他们在学习过程中的变化与发展。评价应注重学生发展的进程，通过评价使学生真正体会到自己的进步。对学生的评价应以表扬为主，其原因不难理解。因此，笔者认为，教师应发挥表扬的作用，使学生体会评价带来的快乐，从而愿意评价，喜欢评价，积极评价，把学生的注意力引到学习过程中来。

学生因受教师的鼓励与欣赏而相应地产生对自身力量的信心，会因教师期望的激励而迸发出积极的力量。在教育过程中，无论优秀生还是"学困生"，都蕴藏着"成长"的优异力量，只是优秀生得到了较充分的发挥，而"学困生"由于主客观的原因未能获得开发罢了，因此教师要鼓励"学困

表扬篇

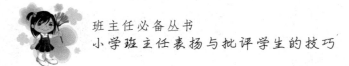

生"，多欣赏他们的优点，并能为他们发扬优点创造条件和机会。一个适当的机遇可以成为小学生成长过程中的一个转折点，使其从此踏上成功之路。瓦特的故事就是一个很好的例子：被学校称为"不爱学习"的瓦特，因在父亲店铺里得到实践机会，使其创造天才得以发挥，从而获得了伟大的成功。可见，突破口在一个人的身上，往往呈多角度，需细心寻找，这种突破口一般地就是一个人的特长、优秀和潜能所在，特别是一种闪光点、生长点、发展点，一旦发现，就要适当鼓励，及时评价，并经常地给学生一种心理暗示："你有能力做好这件事"、"你在某门课上一定会取得好成绩"。

艺术地使用表扬，能使教育教学工作开展得更加顺利、更有成效，也能更好地沟通师生之间的情感，引起学生心里的共鸣，使教育真正成为一门艺术。大科学家爱因斯坦就曾说过：如果别人表扬他思维能力强，有创新精神，他一点都不激动，因为他作为大科学家听这类话听腻了，但如果谁赞扬他小提琴拉得棒，他一定会兴高采烈。这对班主任来说，也是一个重要的启示：表扬不要老是停留在学生习以为常的优点上，而是要去挖掘学生身上一些平常大家不注意的优点，表现出教师的独特眼光，让学生得到一些新的肯定，效果反而更好。

请看下面的一则案例。

【案例现场】

小杰是我班一个既聪明又淘气的小男孩。他长着一双聪慧的眼睛，脸上甜甜的笑容很可爱。他很小的时候，爸爸妈妈就出去打工了，把他交给爷爷奶奶照管，而爷爷奶奶则十分疼爱这个小孙子，什么都依着他，所以在他身上养成了许多坏习惯。

他上课不能专心听讲，如果会了也不经过老师提问，就抢着回答，随意性比较强，很令我和其他老师头痛，但是一次次苦口婆心的教育，都收效甚微。说句心里话,每逢此时,我真想放弃。但出于教师的责任感和使命感,我常告诫自己,要有耐心,决不能放弃。想到他长期没有父母陪伴,缺少父爱、母爱,又不忍心狠狠地批评他,因为我知道他非常需要爱,于是我和他谈心,尽可能谈他的优点,而少提他的缺点,说他是个可爱的学生,老师们都喜欢他,千方百计地挖掘他的闪光点,哪怕是微小的进步,都及时给予恰到好处的表扬。我的苦心终于没有白费,表扬也终于发挥了它神奇的魅力,现在的小杰各方面均比开学时有了很大进步,期中语文考了81分,虽然分数仍然不高,但终于和不及格告别了。我相信在今后的日子里,小杰还会取得很大进步的,我相信他会给我带来惊喜的。

【案例分析】

案例中的小杰由于交给爷爷奶奶照管,没有得到适当的约束,所以在他身上养成了许多坏习惯。这也给班主任与其他教师对他的教育产生了不小的困扰。他的典型表现是上课不专心听讲,随意性比较强,不经老师提问就抢答。老师的一次次苦口婆心的教育,都收效甚微。面对这种情况,班主任与其他教师亟须改变针对小杰的教育策略。

【案例对策】

案例中的班主任出于教师的责任感和使命感,没有放弃小杰,而且更有耐心,通过谈心走入了小杰的内心世界,体谅小杰长期没有父母陪伴的心境。"千方百计地挖掘他的闪光点,哪怕是微小的进步,都及时给予恰到好处的表扬。"正因为班主任给了小杰更多的表扬机会,才使小杰逐渐地树立起了努力学习、要求进步的决心,并取得了很大的进步。

☺ 设立学习目标,激励学生

目标是某一行动要达到的某种预想结果的标准、规格或状态,它制约着人的行为方向。学习目标,是学生在日常的学习活动中接触最多的目标,学

表扬篇

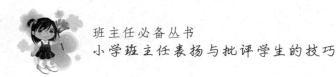

习目标可以是学生自己制订的长短期目标，也可以是班主任或任课教师根据学生的学习既在基础制订的目标，从目标适用的范围可分为班级的整体学习目标与某个学生的个人学习目标，从目标的时限可分为短期（近期）学习目标与长期学习目标。一般来说，如果学生能够主动自觉地去实现既定的学习目标，为实现目标而不懈努力，更容易锻炼他的恒心与毅力。但是对于有些"学困生"来说，他们对自身的学习目标要求较低或目标不明确，甚至在自己制订具体可行的学习目标时，都存在着问题，这时，就需要班主任或任课教师帮助他们制订符合其学习现状的学习发展目标。对学生来说，只有先制订出符合基础、确实可行的目标，才有可能促使他去实现这一目标。

具体的学习目标，要使学生清楚地明白什么是该做的，怎样去做，要达到怎样的要求。而可行的目标，则要使确定的目标与学生的年龄、经验、能力水平相适应，是他们经过自身努力能够实现的。这就要求目标不能定得太低或者太高。太低，学生学不到新东西，没有学习兴趣；太高，学生难以实现，即便有一定的毅力，最终也会放弃。一般来说，短期的学习目标容易完成，也更易激励学生，使其不断督促自己去努力进取。完成一个目标后，班主任或任课教师要抓住机会，及时表扬，充分赞扬学生在实现学习目标过程中所付出的努力，使学生重温自己的奋斗经历，并从中获得成长的信心与成功的体验。这种表扬也会很好地激起他确定并完成下一个目标的热忱，从而养成不断进取的习惯。

班主任作为班级的管理者，还应该从全学科的宏观角度，联系其他任课教师，使学生的学习目标能体现学科的均衡性，而不是仅让学生把精力集中到班主任所教授的学科上。

【案例现场】

小张是三年级的一个学生。他在课堂上有时会积极发言，表现欲较强，但是又缺少自制力与耐心，稍有些困难就气馁，表现出急躁的情绪。班主任赵老师从其他老师那里也了解到，小张在其他学科的学习上存在着相同的困难，缺乏耐心与毅力。

赵老师与小张也聊过他的缺点，他自己也知道，但是耐心与毅力的培养却不能仅靠谈话就练出来了。

有一次，上语文课的时候，赵老师发现小张没有认真听课，时不时地往桌子下面看。赵老师走近一看，原来在小张的课桌里整齐地摆着几个小瓶子，瓶子里装着几只不同种类的昆虫，塑料瓶盖上已经扎了好多个眼，以便透气。课下，赵老师与小张一聊，得知他对昆虫很感兴趣，这些昆虫就是他利用课间时间捉来的。这使赵老师有了一个好主意。

于是，赵老师便与科学老师进行沟通，给小张制订了一个独特的学习目标，即让小张仔细观察校园里的各种花草以及虫子，并在科学老师的帮助下进行观察记录的整理与制订，每周让同学们进行观察记录的展示。观察虫子原本就是小张的兴趣爱好，在这个爱好的基础上，又加入了观察花草，小张自然也很乐意接受。

于是，小张便开始行动了，每个课间活动，当同学们在运动场尽情地玩耍时，小张便在校园里的花草丛里做起观察记录来。有时，天气很热，一会儿的工夫，他便满头大汗，这要在平时，可能他已经放弃不干了。但是，观察昆虫与花草是他最感兴趣的事情，而且现在有了班主任与科学老师的支持，还有班里的同学等着看他的观察记录呢。兴趣与责任感合在了一起，小张观察得更有劲了。

第一期观察记录顺利地展出了。科学老师帮小张做了一些展板。在展板上，小张将自己一周来观察到的昆虫种类进行了图文并茂的介绍，还画出校园各种花草的大致范围与面积，科学观察记录做得很规范，也很有趣味性。班主任及时表扬小张的观察记录，并让小张向全班同学讲解了展板的内容。班主任还提议为

表扬篇

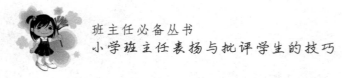
小张在班级教室的墙壁上开辟一张展示观察结果的专栏,小张的干劲更足了。

这项特殊的学习目标,使小张爱上了科学这门课程。有时,他一发现点新奇的事物就去请教科学老师,学习兴趣很浓。

【案例分析】

案例中的小张在课堂上有时能够积极发言,有较强的表现欲,但是缺乏自制力与耐心,有些急躁。这些问题的存在,直接影响了他的各科学习。单纯的师生对话也并不能使这种情况得到较好的解决。

【案例总结】

班主任赵老师在发现小张有观察昆虫的兴趣之后,与科学老师共同帮小张制订了特殊的学习目标,即观察校园里的昆虫、花草,并做定期展示。这个学习目标,既尊重了小张的兴趣,又使小张有了具体可行的目标任务,再加上老师的监督、同学们的期待,使小张更加用心地去完成学习目标。班主任的表扬也在小张完成任务之后强化了他的成就感,鼓舞了他的学习热情。同时,细致而持久的观察过程也使他的耐心与毅力得到了很好的锻炼,对其他学科的学习也有一个很好的促进作用。

从上述案例中可见,一个明确的、经过努力能够达到的目标,对学生有着相当大的激励作用。班主任如果适时、恰当地提出目标,就能极大地激发学生的热情和积极性、创造性。

此外,对于一些难度较大、令学生望而生畏的事情,班主任与其等学生产生对抗情绪、畏难情绪时再想办法,不如一开始就把它们分解成一个个小目标,用分层次目标法表扬学生的进步,使学生在完成小目标后获得表扬的快乐,从而激励学生努力坚持下去。

在帮助学生设立目标、发挥表扬的作用激励其进步时,班主任还应注意以下问题:

1. 要让学生明白目标的可实现性。对于小学生来说,班主任应当将一个学期的整体目标划分成几段甚至是十几段中短期目标,让学生感到凭借自己的能力,努力一番确实能够实现。这样,学生才能有勇气去努力拼搏,越过一个个短期目标,最终实现长远目标。

2. 在过程中多给予赏识。学生在达到目标、迈向成功的路途上,难免遇到各种各样的阻碍。班主任要多给予表扬与鼓励,并及时给予引导和帮助,让学生找到解决问题的办法,从而战胜困难,重拾信心。当学生完成一个小目标后,也要及时给予表扬,让学生感受到成功的喜悦,产生完成下一个目标的动力。

3. 不断提醒学生长远目标的存在。同样是射击,瞄准天空的人总比瞄准树梢的人要射得高。因此,班主任在赏识学生完成短期目标时,还要不断提醒学生长远目标的存在,以便让学生始终有前进的方向和动力。一个人只有坚持对高目标的追求,才能激发其奋发向上的内在力量。

学习目标本身就具有引发、导向和赏识的作用,伟大的目标往往产生巨大的动力。而班主任采用目标赏识法,是保持学生源源不断的学习动力的方法之一。一个人如果没有目标,就会失去前进的动力,变得散漫、懒惰。对于那些没有明确学习或成长目标的学生,班主任要想方设法为他们设定一个切实可行的、明确的目标,并在实现目标的过程中及时给予鼓励、肯定、支持等表扬性激励,让学生产生成就感,从而激发其学习积极性,朝着目标不断前进。

☺ 发现孩子身上的闪光点

在育人的工作中,教师应注重以人为本,面向全体,细心观察,捕捉学生身上的每一个闪光点,及时把赞赏送给每一个学生,使之发扬光大,使每

表扬篇

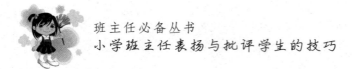

个学生都感到"我能行","我会成功"。实践告诉我们，教师一句激励的话语，一个赞美的眼神，一个鼓励的手势，往往能带来意想不到的收获。教师对学生小小的成功、点滴的优点给予赞美，可以强化其获得成功的情绪体验，满足其成就感，进而激发学习动力，培养自信心，促进良好心理品质的形成和发展，有助于建立和谐的师生关系，营造一个奋发向上的班集体氛围。只要教师以学生为本，多一分尊重，多一分宽容，多一分理解，善待每一个学生，相信每一个学生都会在教育的蓝天下健康成长。

教育改革家魏书生说过："后进生不缺乏批评，不缺训斥，而缺少的是鼓励、表扬、感化。"表扬是认同别人的一种重要方式，对于孩子身上出现的良好表现，班主任要通过自己的表扬，使学生得到认同感，确立起对自身行为优劣的判断力。但是，在班级活动中，孩子们的优秀表现往往是一闪而过，表扬的时机也是转瞬即逝的，所以，班主任应及时捕捉学生的闪光点，恰如其分地加以肯定，给他们及时的激励、表扬，如果事后补救，往往效果相对较差。

请看下面的几组镜头。

【案例现场】

案例一：

中午的时候，有一个女同学因为皮肤紫外线过敏留在了教室里，没有到室外活动。当她看到值日同学在打扫卫生时，她高兴地加入了值日生的队伍中，一起打扫卫生。班主任看到这一场景，立刻表扬了这个女同学，"虽然你不能到室外活动，但是打扫卫生也是一种活动，而且帮了值日生的大忙。"

案例二：

有很多男同学喜欢在洗手间里玩水，有时会因太匆忙回教室而忘记关水龙头。离男洗手间最近的班级有一位男同学，经常在课间时待在教室里看课外书。

有一次，他看到洗手间洁净的自来水白白流掉的一幕，便悄悄地做起了一件"神秘"的事。课间，他会在教室里安静地听洗手间的水流声，如果听到水流声长时间都没有停止，他便去洗手间看一下。就这样，有好多次，他关掉了无人使用、正在流水的水龙头。班主任也是听他的同桌说的这件事，便在教室里向全班同学表扬了这位男同学的行为，并教育大家要自觉节约水资源，避免浪费资源的事情发生。

案例三：

一年级新同学入学的第一周，总有很多同学找不到自己的教室。六年级的小李同学在开学的时候发现了这个问题，她很想为一年级的小同学做些事情，虽然她不是班干部，但是她在班级里跟几个同学一说，很多同学都支持她的想法，于是她组织本班里每天到校较早的几个同学，形成了"大手拉小手"小分队。她们每天在校门口迎接一年级的小同学，并将找不到教室的一年级小同学送到教室里，小分队里的每个人每天早上都要来回跑好几趟，送完这个再送下一个，楼上楼下地跑。虽然小分队的活动只是短短的一周时间，但是给一年级的小同学带来了很大的帮助，也得到学校领导、学生家长的好评，班主任在班会上表扬小分队的同学，并让她们介绍了活动情况以及收获的体验。

【案例分析】

案例一中的女同学因故不能参加室外活动，便帮助值日生打扫教室。班主任看到这一现象，及时表扬了女同学乐于助人的行为。但是这个事例只是一个表扬的个例，不宜向全班同学宣传，因为在值日分工很明确的情况下，不是值日生的同学还是应该到室外活动的。所以，案例中的班主任也只是表扬了这位女同学，而没有面对全班的同学公开表扬。

案例二中的男同学"经常在课间时待在教室里看课外书"，可见他平时不爱活动，性格较内向，这样的同学平时较少有突出的表现，能得到表扬的

表扬篇

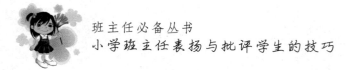

机会也相对较少。但他能够以自己默默的行为来减少浪费水资源的现象，这是他的闪光点。班主任也是从他同桌那里得知了这一行为，便及时进行表扬，号召全班同学向他学习。

案例三中的小李同学，发现了一年级小同学入学时的一个小困扰，便尽自己的能力，组织班级同学进行帮助。可以看出，小李虽不是班干部，却有一颗乐于助人的爱心，并有一定的组织能力。班主任及时表扬了她们的行为，并注意让她们发掘自己从活动中得到的体验，分享心得。

【案例总结】

对待闪光点，班主任一定要注意观察，用善于发现的眼睛捕捉学生身上的优点，对那些平时不常受表扬的同学更要注意观察。此外，对于不同的闪光点，班主任要根据学生的性格以及行为本身的意义价值，灵活确定表扬的方式。有的闪光点可以只对本人进行表扬，使其能继续坚持自己的良好行为。有的闪光点则可以公开表扬，扩大影响，分享体验，为全班学生树立榜样。

当教师对学生某一方面的成功表示肯定时，不仅使学生感受到被认可的满足，还可以传递出教师对学生的喜爱之情，这是精神上的滋润，会让学生自信并拥有一个成功的心态，从而产生积极、健康的心理效应。因此，班主任应花一定的工夫，熟悉每一位学生的不同特点，掌握学生的学习、生活动态，与学生沟通思想，针对学生的优点和进步采取不同方式及时表扬，会达到意想不到的效果。

☺ 发现孩子的点滴进步

班主任要有一种教育的信念，就是坚信小学生每天都在有新的进步。班主任要做的就是，为学生取得进步提供方法上的指导与精神上的鼓舞，并及时发现他们的点滴进步，进行表扬，强化良好行为对学生的影响。

请看下面的一则案例。

【案例现场】

四年级的小王同学，每天早上到校的时间都较晚，早上的古诗晨读常常赶不上。虽然他家离学校的距离很近，只需步行十分钟就可以到达学校。

班主任跟小王单独聊了一会儿，了解到他每天早上是自己到学校的，并没有家长送。而他每天早上也是较早就离开家里，为什么会迟到？小王也很诚实，他承认是自己在路上玩，耽误了到校的时间。通过谈话，班主任看到了小王诚实的品格，让小王说明了晨读的意义。小王也意识到自己路上贪玩，上学迟到也是不对的。于是班主任决定让他担任晨读的领读员，每天早上负责带领全班同学读古诗。

小王的嗓音很清亮，他对这个职务也很上心。由于每天早上要负责领读，他也不在上学的路上耽搁了，每天早上很早就到教室里。当班主任走进教室里，全班已经响起了琅琅的读书声。班主任对小王的表现很欣慰，并与家长进行了沟通，表扬小王的进步。

【案例分析】

案例中的小王同学虽然家离学校很近，但是由于自己的贪玩，往往迟到，错过晨读。在班主任与他谈话之后，他认识到了自己的错误。他的诚实，也让班主任对他充满信心，并让他担任晨读的领读员。这个职务，既督促小王每天早上准时到校，又锻炼了他的能力，可谓一举两得。

【案例总结】

案例中的小王在班主任的指导下，改正了路上贪玩、上学迟到的缺点，并很好地组织了晨读活动。可以说，小王取得进步，得益于班主任的教育策略，而班主任的表扬也必定会促使小王把领读员的工作做得更好。

此外，在为学生多创造一些表扬机会的时候，班主任也要注意反思自己

表扬篇

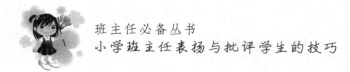

评价学生的眼光是否准确。看人时即便不是有眼无珠，但若稍一大意，就很容易产生表扬错了的结果。这样的表扬，反倒会降低班主任对学生所做的评价的价值与可信度。有时，班主任会听到学生的抱怨，比如："老师什么也不明白"、"事情根本不是老师想的那样"等等。为避免把不是优点的地方错误地看成优点，班主任要注意培养看学生的注意点。大体来说，应注意以下几个方面：

1. 全面了解，不盲目听信学生的话。"兼听则明，偏听则暗。"受传闻所左右来判断自己的学生是很危险的。充分调查事实的真相，不偏信一方而是听取双方的说法，仔细斟酌其他学生所说的话。

2. 深入本质，不要只把眼光投注在平时表现显眼的或外貌较好的学生身上。一般来说，进入老师视线的大多是"声音大的类型"、"爱说话的类型"、"善于表现自己的类型"、"样貌、体态上有特征的类型"等等，但不要被表象所迷惑，做出错误的判断。而是有必要时时环顾周围，看看自己有没有忽略了那些不显山露水、勤勤恳恳、默默无闻地学习、工作的学生。

3. 克制偏见，不要只重视自己喜欢的学生。人都有好恶，在一个班上，总有一些学生受到班主任的特别青睐。但如果只要是自己喜欢的类型，无论什么事都给予高度评价的话，班主任的公正之心就缺失了，长此以往就会得不到学生的支持。班主任应该培养冷静、客观地看待自己平时不太喜欢的学生的意见和做法的心态。同时，要注意克制偏见或先入为主的观念，用心去发现每个学生的特性。

4. 客观具体，避免日晕效应。所谓日晕效应，就是整体印象影响了部分判断，做出歪曲的判断。整体的印象并不代表一切，好的地方、不好的地方，都要分别把握。所以，班主任在表扬学生时，不要以偏概全，应准确、客观、具体地进行表扬，就事论事，不要故意抬高学生。

第二章　锦上添花
——表扬的时机和场合

第一节　抓住时机，及时表扬

人们常说，机不可失，时不再来。在战场上，一个好的指挥员总是善于捕捉那些稍纵即逝的机会，从而赢得战争的胜利。班主任的教育工作虽然不是在打仗，但同样需要抢时机。在学生每天的学习生活中总会有大量的事情发生，其中有些事情班主任如果能好好利用，便是树立学生自信心的良好时机，而且也容易取得更好的教育效果。

"好雨知时节，当春乃发生。"班主任的表扬要在孩子们最需要的时候发挥它最大的作用。要及时和适时地"表扬"，如果时间过去得太久，学生就会淡忘所做的事情，不能理解老师的用意，达不到预期的效果。当学生取得好成绩时，表扬能让他再接再厉；当学生面临困境时，表扬如一针强心剂，让他振作起来；当学生沉浸在失败的痛苦之中，表扬如黑暗中的一盏明灯，为他照亮前进的方向。学生做了件好事，取得一点小小的进步，纪律有所好转，老师提问虽没答对却能认真思考等等，都是表扬的好时机。因此，班主任要善于捕捉每一个稍纵即逝的表扬契机，当发现了孩子的点滴进步，班主任要趁热打铁，及时表扬、鼓励。不要等到孩子的进取心冷却了，上进心消

表扬篇

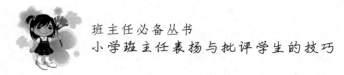

失殆尽了，再表扬、鼓励，那就没把握好时机。

其实，教育从某种意义上说，就是情感的交流。只要班主任始终用一颗爱心去发现学生身上的闪光点，善于捕捉任何一次转瞬即逝的表扬契机，不失时机地给予鼓励，就会让每一个孩子更自信。我国伟大的教育家陶行知先生以"爱满天下"为教育的宗旨，在他看来，爱是一种力量，"真教育是心心相印的活动，唯独从心里发出来，才能打动心的深处"。班主任只有用无微不至的爱心抓住表扬时机，点燃学生进取的热情，才能使缺乏自信的学生树立信心。

☺ 该赞扬时就赞扬

班主任表扬学生，一定要把握适时的原则。当学生确实表现好时，班主任就给予恰如其分的表扬。

《学记》说："当其可时谓时。"意思是说，要按照学生的特点，选择适当的时机进行教育，才能叫"及时"，正如打仗要抓"天时"、抓"战机"。当小学生在班级活动、每日常规或是学习态度方面表现出良好的行为、取得一定进步时，班主任一般应马上给予表扬，及时强化。这样，不仅能使小学生们坚定继续做出正确行动的信念，维护学生自身的进取心和积极性，还能教育班级内的其他学生，促进他们也产生积极向上的心理倾向。反之，如果班主任对集体中出现的好人好事，或是细小的改善进步，迟迟不做出反应，不予以足够的关注与提及，做出良好行为的小学生就会感到自己的表现没有得到班主任的重视与认可，从而产生低落的情绪，其他同学也会因此缺乏一种积极向上的心理氛围。当然，有时由于特殊原因或是出于更为巧妙的安排，班主任有意识地推迟表扬时间也是必要的。

有人说，表扬要像春天里的及时雨，来得是时候。有一位班主任举例说：班上有一个纪律和学习都较差的学生，在劳动课时，他不但完成了分内的劳动任务，而且主动把班上坏了的桌椅搬出去修好了。劳动课总结时，班主任及时地利用这件事表扬了他，从此该生的行为和成绩都发生了明显好转。可见，班主任应注意及时表扬好人好事，无论大事小事，也无论是谁做的，都应及时地予以表扬，使之在班上树立榜样。

反之，如果班主任对班集体中的好人好事迟迟不做出反应，先进者的心理未得到老师的认同，就会产生失望压抑的情绪。久而久之，班集体就会失去积极向上的心理氛围。所以，当好人好事发生时，班主任要立即做出积极的反应，给予表扬，这样不仅能及时激励先进者本人，还能促使集体产生积极向上的心理。

☺ 不要把好话留到明天

赞美之词，往往过时不候，如果错过了那个火候，会给人以"马后炮"的感觉。所以，当看到学生有优秀表现的时候，哪怕是一个小小的值得表扬的动作，班主任就要毫不犹豫地说出对学生的赞扬，不要把好话留到明天。特别是有的小学生，在心中对班主任的表扬是非常期待的，这种心理是学生渴望得到肯定的合理期待。班主任的及时表扬，会使学生的心理需求得到适时而合理的满足，不至于产生更多的失落感。

如果班主任没有当场表扬，而是选择在明天或以后的一个时间再说，比如在班会或小会上对一些同学进行公开表扬，固然也是班主任表扬的一种常见方式，但是却比不上当场表扬的效果更直接。而且，小学班主任每天的工作内容都较烦琐、纷乱，有的班主任还会因为某种原因而忘记在明天要表扬的事情或同学，甚至有说错表扬对象与表扬内容的现象，令本应该得到表扬的同学感到失望或尴尬。班主任的这些小小失误，都会减损表扬的效果。所以，为了防止遗

表扬篇

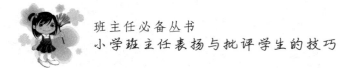

忘，也为了让学生渴望得到肯定的心理得到及时的满足，班主任一定要切记，不要把好话留到明天。

请看下面的一则案例。

【案例现场】

放学的时候，正上四年级的小满和妈妈走到了离学校门口不远的马路路口上，正巧有一个老奶奶提着几个大袋子，也要过马路。但是放学时，学校附近的车流量明显比平时要大得多，再加上手提几个大袋子，老奶奶有些手足无措的样子，不知道什么时候过马路比较好。小满便上前拉住老奶奶，并从老奶奶手中拎过了一个大袋子，他说："奶奶，你和我们一起过马路吧。"有了小满的帮助，老奶奶心里不再像刚才那样紧张了，跟着小满顺利地过了马路。

这一幕正好被后面也要过马路的班主任王老师看到了。王老师笑着对小满和他妈妈点点头，说："明天班会上，老师会向全班同学介绍你在放学后所做的好事。"说完，王老师拍了拍小满的肩膀。小满平时可是很少听到王老师的表扬啊，听王老师这么一说，他特别高兴，期待着明天班会上王老师会面对全班同学，说一番表扬他的话。

谁知第二天的班会课，学校要求各个班级围绕环保主题开展班会，班会的形式也要求丰富多样，而且还会有学校领导来检查。上午，王老师忙着让同学排练各种节目，展示环保主题。班会课上，各组同学争相上台表演节目，班会的效果很好，来检查的领导点头微笑，王老师也对同学的表演很满意。但只有小满心里空荡荡的，因为直到班会结束，王老师也没有提到昨天小满所做的那件好事，更没有表扬他。

第二周的一天早上，当王老师翻开小满的周记时，才恍然想起小满的事。小满在周记本里这样写道："王老师，其实我做这件事，原本并不是为了得到您的表扬。但当您说要在班会上表扬我时，我又非常期待。可惜，您忘记表扬我了。现在事情已经过去了，我渴望得到您表扬的愿望已经不再那么强烈了。如果以后您看到我做的好事，就请您当时表扬我一句吧。那样，我会非常高兴的。"看完，王老师不由得对小满感到有些愧疚了。

【案例分析】

案例中，对小满帮助老奶奶过马路的事情，班主任王老师只需当时对小满的行为进行表扬即可，大可不必等到在班会上进行公开而隆重的表扬，给孩子一种无谓的期待。由于班会内容的临时变动，使王老师没有兑现对小满的承诺，也给小满的内心造成了一定的不良影响。

细究案例，让我们不免有一个疑问，王老师为什么不当时就表扬小满，而要等到明天班会上再说呢？这是否与当时小满的妈妈也在场有一些关系呢？如果真是那样，作为班主任就须辨明一个道理：班主任的表扬不是为了做给家长看的，适当的一句表扬足矣。

【案例总结】

案例中小满在周记里的内心表白，不仅让我们看到孩子们对班主任表扬的期待是多么的强烈，而且展示了班主任的不及时表扬带给孩子们的失落是多么的深刻。所以，作为班主任，要切记：质朴而深刻的表扬就在当时当场，有时刻意铺陈的表扬反而会令孩子们感到不适应，难以达到表扬的最初目的。

第二节　适当的表扬可以多来几次

表扬篇

适当的表扬，不仅要适时，还要注意表扬的次数，把握适度的原则。班主任要掌握好表扬的度，讲究表扬的分寸。美国教育学家毕尔特·B·科勒斯涅克在《学习方法及其在教育上的应用》中指出："通常，腼腆、畏缩不前、

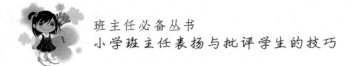

内向、惴惴不安的一类学生，对表扬的反应要比自信、喜欢表现、泼辣的一类学生的反应来得积极一些。"因此，表扬也要因材施教，一定要根据表扬对象的性格与心理特点，适度表扬，确定表扬的次数与轻重程度。例如，同样做一件好事，对好学生，只要向他本人点头、微笑即可；对一贯表现差的学生，则应大张旗鼓，当众称赞一番；对做了重大好事的学生，表扬要广泛一些，可由班级扩大到年级、学校，表扬多次，并逐渐升级；对做一般好事的学生，表扬最好限于班内。

☺ 最初的表扬，促人成长

有发展前途的学生都会把别人的话当作成长的动力。在小学的成长经历中，班主任的影响非常重要。有时，班主任的某些语言习惯甚至是口头禅，都会被孩子学习接受，内化为自己的行为习惯，并影响孩子的一生。所以，小学班主任老师不可以不慎言慎行。

作为小学班主任，对于孩子很多方面的表扬，往往是孩子得到的最初的表扬。这种表扬，是孩子自身形成判断是非、甄别优劣的重要依据，也是孩子形成自身价值观的最重要的促进因素。

比如，一个小学生帮助同桌整理好了书本，班主任给予及时的表扬，他就明白了帮助别人的快乐；一个小学生发现自己试卷上有老师没批出的错题，勇敢地去找老师，主动要求扣分的时候，教师及时表扬了他，他就知道了诚实的价值；一个小学生主动站起来，要求去做班主任布置的任务，班主任微笑地给予他表扬，他就感受到了主动承担的勇气……所有这些"最初的表扬"，在班主任或其他教师看来，可能有时是随口地赞扬，但在一个孩子的内心世界里，却是一个个美好信念得以萌生的雨露，意义重大。所以说，小学班主任给予学生的表扬，在学生的成长过程中，功不可没。

最初的表扬，还指针对同一件事的第一次表扬。俗话说，万事开头难。开始起步时比较顺利的话，哪怕中途受到挫折也比较容易恢复。开头就不顺利的话，所受的打击往往比较大，还会始终留下阴影。在小学生的成长过程中，往往有很多事情是他们第一次做不好的，需要不断练习、总结，才能得以顺利地完成。在这个过程中，班主任在他们遇到挫折时给予的第一次鼓励性表扬，就尤为重要。

请看下面的案例。

【**案例现场**】

三年级某班，在大课间的时候开始练习跳大绳，全班的同学都参与到这项活动中。有很多学生非常灵活，虽然以前没有跳过大绳，但是很快便跳了过去。而对于有些平时不经常活动的同学来说，跳大绳就有些困难了，特别是看到大绳不停地转，却总也找不到跳进去的机会，这些同学就更着急了。其中，有一个男生小池，以前也没有跳过大绳，对什么时候应该跳进去，总把握不好。所以，他一次次地失败，不断被大绳抽到身上。但他有股韧劲，还在一次又一次地试跳。

周围的同学也为他加油，怎奈他一味地蛮上，没有掌握其中的技巧，还是一次又一次地失败。同学们都为他感到遗憾，他也有些沮丧了。班主任赵老师看到这一幕，决定帮他一下。

下午，放学的时候，赵老师带领同学们走进学校门口。赵老师走快了几步，正好和小池并排走在一起，赵老师便随口说道："我看你今天跳大绳，很努力，挺不错！第一次跳，肯定有些不习惯。我给你一个建议，你回家之后，在心里想象着跳大绳的过程，看看能不能找出跳进去的最好机会。有很多运动员都是这样在大脑里预演他们的运动过程的。"说完，赵老师轻轻地拍了一下小池的肩膀，小池点了点头。

第二天，大课间的时候，小池仍然很积极地参加跳大绳的活动。赵老师也很

表扬篇

期待他有更大的进步。只见，轮到小池上的时候，他两只眼睛盯住大绳，看准时机，飞快地跳了进去，然后，灵活地跳了两下，又瞅准机会，跳了下来。成功！小池成功了！周围的同学也都为他热烈欢呼，昨天怎么都跳不过去的小池，今天有了令人惊讶的进步！

赵老师高兴地把他叫到身边，问他："昨天晚上有没有在脑子里想象跳大绳的过程？""有。""想了多长时间？""有十分钟吧。""想了十分钟就能跳过去了，真厉害！继续加油！"小池乐呵呵地点点头。

【案例分析】

在案例中，小池最开始在跳大绳的活动中表现并不好，屡次尝试都失败了。周围的同学都为他惋惜，他自己也感到了沮丧，这时，如果他得不到激励，就很有可能产生对跳大绳这项活动的挫败感，造成心理上的阴影。

【案例对策】

案例中的班主任赵老师细心地关注了小池在第一次跳大绳时的表现，虽然小池失败了，但他顽强的精神值得赞扬。所以，赵老师首先表扬他"很努力，挺不错"，然后说"第一次跳，肯定有些不习惯"，对他今天没有成功表示理解，最后提出建议，并说"有很多运动员都是这样在大脑里预演他们的运动过程的"，目的是让小池重视这个建议，因为采用这个建议确实会有一定的效果。经过赵老师的这番表扬与指导之后，小池接受了建议，保留了原来的拼搏精神，为第二天的成功奠定了基础。

另外，班主任赵老师所选择的表扬的时机，也是经过仔细考虑的：在放学的时候，孩子们比较轻松，而且这时小池的周围没有其他同学，赵老师与他的谈话中，既有表扬、激励，又有指导与信任。轻松的谈话时机，使小池易于接受，并在心里产生较为深刻的影响。果然，小池听取了赵老师的建议，在第二天的跳大绳活动中一跃而过，终于学会了跳大绳。

在小学的很多活动或是操作训练中，重复去做一件失败多次的事是必不可少的，只有不断经历失败，总结经验，才能更好地把握住成功。对于那些重新开始做一件失败过的事的学生，为了使他们有一个更好的开端，班主任在这时候要给予一句表扬的话，给他们鼓劲打气，此时的表扬，会令他们印象深刻的。

☺ 再来一次的表扬，印象深刻

班主任与学生的日常沟通，只有在语言传达给对方并达到自己的意图时，才能真正提高效果，而不充分的传达方式，往往达不到自己的意图。表扬作为班主任与学生日常沟通中的一个重要内容，也同样需要注意这个问题。为了充分地传达，更好地达到班主任或任课教师的教育意图，就需要适时地重新表扬一遍，或是改变场合，再次进行表扬。将表扬进行再一次的重申，可以加强表扬效果。

有时，有些小学生对教师的表扬并没有完全接受，他有时会觉得不好意思而匆忙躲避，甚至会觉得教师的表扬使自己感到受到周围同学的过多关注，很难堪，而排斥表扬。如果出现这种情况，班主任就非常有必要改变一下场合再表扬一次，即活用"场合"条件。细心的班主任总会找机会表扬一些平时表现不突出或缺点较多的学生，但有时候好不容易表扬一次，可学生心里却遗留着不满，那么班主任心中会觉得不起劲，极易使班主任对学生进行赏识教育的理念受到打击，有的班主任会觉得学生"不吃敬酒"，从此丧失对此类学生的教育信心。所以，出于平衡班主任教育心态的目的，班主任自身也应该寻找机会"再说一次"表扬的话。

但大多数情况也是非常理想的，学生接受老师的初次表扬，当受到老师的再一次表扬时，孩子的教育效果也会得到增强。请看下面的案例。

表扬篇

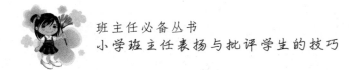
【案例现场】

在期末家长会上，班主任赵老师特意说了小池跳大绳的事例，向全班的家长表扬了孩子的可喜进步。小池的妈妈听了非常激动，因为小池平时的学习成绩并不好，也没有其他方面的突出表现，所以妈妈对他的期望值不是很高。通过赵老师的表扬，小池的妈妈看到了孩子的优点，对孩子突然有了信心。

在家长会上，赵老师还表扬了另一位女同学小肖。小肖的身体较胖，一直不爱参加室外体育活动，课间或中午休息的时候，经常待在教室里看书。这也导致了她的身体不是很好，她的妈妈一周总有几次来学校接她去医院打点滴。

在班级开展大绳活动的同时，还开展了跳小绳的活动。赵老师要求所有的同学课间必须出去参加活动，并为跳小绳这项活动设立了"班级记录"，小绳跳得多的同学就可以记录到"班级记录"里。小肖虽然不爱活动，但是一经老师要求，她还是愿意走出教室，参加室外活动。跳大绳，她没有问题，一跃而过。大绳是全班同学轮流上，每个人跳一两下，所以并不累。当她跳小绳时，跳了十几个，就有些体力不足了，这与她平时不锻炼有很大的关系。但小肖还是有股韧劲儿，看到自己的好朋友都能一口气跳几十下，她也下定决心要不断提高自己的跳绳次数。于是，一到课间，她就加紧练习，再也不待在教室里了。到后来，她练到了一口气能跳两百多次，已经达到了体育老师规定的优秀标准。体育老师又教同学们跳双摇，她从一次也跳不过去，到后来一口气能跳四十多次。她的名字也被光荣地记录到了"班级记录"里。赵老师在班会上还专门表扬了她一学期里在体育活动方面的进步。

在家长会上，赵老师又再一次对小肖的事例进行了表扬，这令小肖的妈妈也非常激动。小肖的变化，她感受得非常深刻：孩子的身体好了很多，性格也变得开朗了一些。听到赵老师对小肖的表扬，她对孩子的信心也坚定了很多。

【案例分析】

在案例中，班主任赵老师在家长会上，对本学期在体育活动方面进步显著的小池和小肖进行了表扬。这次表扬是"再来一次"的表扬，是面对家长所做的表扬。赵老师选择在家长会这一场合，再次表扬取得进步的学生，有着双重的教育作用：不仅可以使家长增强对孩子进行教育的信心，而且使取得进步的孩子得到家长与教师的双重肯定，家校形成教育合力，对孩子的评价达到相近的效果。

【案例总结】

从上面的案例中，班主任选择家长会的时机与场合，对学期中表现突出的同学进行了"再来一次"的表扬，取得了较好的效果。在实际教学工作中，已有很多班主任在家长会上以表扬为主，全面总结班上大部分同学的优秀表现，进行表扬，唯恐有所疏漏。从教育的角度来说，这样的表扬有利于让家长了解孩子的优秀表现，坚定家庭教育的信心，甚至可以缓和家长与孩子之间的矛盾。但班主任也应考虑到，面对家长，"再来一次"的表扬不可泛泛而谈，要点到关键点，让家长或学生从中得到教育的启迪。

再看下面的一则案例。

【案例现场】

班上有个张同学，在一年级开学报到的前两天摔断了腿，于是，本来该出现在小学教室里的他在开学一个月后才姗姗来迟。由于张同学的起步比其他孩子要晚，且在养伤期间家长的娇惯，他一来，便成了我们班上的"头号人物"。他上课坐不住，东张西望，经常与同学发生矛盾，课间不遵守纪律，更不要说按时完成作业了。对他，班主任张老师是软硬兼施，使出了浑身解数。令张老师欣慰的是，张同学是一个非常聪明的孩子，许多问题，那些表现好成绩好的孩子回答不出来，他却能给出精彩的答案。

表扬篇

这学期，他升入了二年级，这个调皮捣蛋的学生用他的方式在不断进步着，经常得到老师的夸奖。不久前，当他再一次得到了张老师的表扬，他期盼地望着张老师说："老师，我这学期表现好了许多，下课也没有疯跑了，也没有给班级扣分了，你会给我什么奖励？"张老师笑着问他："你想要什么奖励？难道要我给你一张奖状不成？"没想到张同学高兴得差点跳起来，口中连声说："好好好，明天我一定会表现得更好！"果然，第二天，张同学早早地来到了学校，主动帮助同学做清洁，课堂上，他更加认真积极了。这个曾经的"倒数第一名"让张老师感到太多的惊喜。

在一次班委会会议上，张老师和班干部一起讨论商量本学期开学以来有哪些同学在哪些方面值得表扬，详细列出准备表扬的学生名单，包括学习成绩有进步的，上课积极回答问题的，课间文明玩耍的，热爱劳动的，乐于助人的，开学至今得到"小红花"最多的同学。张老师还要求对一位学习成绩虽然很不理想，但班级荣誉感很强、劳动非常积极的同学设"特别奖"。当天晚上，张老师便买了一叠漂亮的奖状，一一写好奖励学生和奖励内容。本次受到书面奖励的同学共有37名，共发出奖状47张。

"打铁趁热"，张老师利用星期一下午的班会课，开展了一次表彰大会。本次书面表扬的情况出乎意料地好，表彰会上，张老师把受表扬的学生一个个大声地宣读了一遍，请他们上讲台前领取奖状，并祝愿他们将来取得更大的进步。孩子们都非常激动，聚集在一起七嘴八舌地议论纷纷。

那天以后，学生们的表现也的确更加出色，无论是行为规范方面，还是文化学习方面，都较以前有了较大的改观。他们还信心满满，都说期末班级考评，一定要获"文明班级"。当天晚上，张老师接到了不少家长的电话，他们在电话里都显得异常的兴奋，一方面为自己的孩子感到开心，一方面感谢张老师对孩子们的肯定与鼓励。

【案例分析】

案例中，张同学的一句"老师，你会给我什么奖励？"使班主任明白了孩子心中渴望一种能看得见、摸得着的表扬。毕竟物质形式的奖励，对孩子来说，要强于抽象的精神鼓励。班主任顺着孩子的心理，开展了一次表彰大会，通过发奖状的形式，强化了表扬在孩子心目中的教育作用，也得到了家长们的支持。

【案例总结】

教育固然要以鼓励为主，要多表扬学生，但是如何将表扬做到学生的心里去，则是班主任面临的又一重要的问题。如果仅是口头上说这学生不错，那学生有进步，值得表扬，可这种口头上的表扬，老师讲过学生听过，家长又如何得知呢？对学生又有多大的促进作用呢？

这一次班主任张老师根据同学们的良好表现，不唯学习成绩是论，不拘一格，发出特别奖、进步奖，让他们实实在在地看到自己的努力老师都看在眼里。班主任将一张奖状郑重地发给学生，这代表着老师对学生努力的肯定，代表了老师对学生今后学习生活的一份期望。这张奖状可以升华为一种精神，标示着一个人在某些方面的成就和价值，也会在学生心中激发出某种动力。美国有位著名心理学家说："人类本质中最殷切的需求是渴望被肯定。"每一位兢兢业业的班主任，让我们记住：表扬鼓励，别吝啬一张奖状！

从上面的案例中，我们也得到了这样的启示：对于个性各异的小学生来说，表扬的方法也应该是丰富多彩的，班主任要使"再来一次"的表扬更有教育效果，还应注意运用灵活多样的表扬方法：

1. 登榜表彰法。我坚持文明月评制度。每月终结时，班上评出"文明十佳"、"优秀干部"、"纪律进步者"，然后张榜表彰。

2. 上报表彰法。学生为班级和学校争得了某种荣誉时，我总是竭尽全

表扬篇

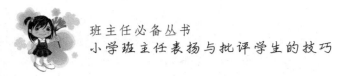
力,将其模范事迹整理成文,上报学校,通过校刊、校广播让其名扬全校。

3. 大拇指称赞法。学生有一点小小的进步,或是做对了一道难题,或是为人做了一件好事,教师均可竖起大拇指表示赞扬。

4. 微笑点头法。如:学生言行举止得体大方,教师可对其微笑点头,以示赞许,此法有"暗送秋波"之妙。

5. 背后夸奖法。不直接对其本人夸奖,而背后跟其他同学交谈,热情赞扬某同学的长处,让听者自发地转告给受夸奖的同学,这样,受表扬的同学听后,会深深感受到自己在老师心目中的分量,从而更加自觉地发扬自己的长处。

另外,多次的表扬要保证适度的原则,发挥表扬本身的激励作用,也要注意与其他教育手段是否结合得更为融洽,起到了共同的教育效果。表扬不是对小学生进行思想教育的唯一方法,所以,班主任要根据不同情况,灵活运用各种教育手段。只有充分认识各种教育方法的功能和效果,博采众法之长,适当调配表扬的力度、时机与分量,将各种方法综合运用,才能取得更好的教育效果。

第三节　适应场合,真诚表扬

表扬要发挥其积极的作用,除了把握适时的原则,还要注意场合的问题。这也符合做任何事情都要考虑的因素之一,在什么地点或情境之中进行表扬,对表扬的效果也有很大的影响。

对于小学班主任来说,表扬的场合主要分为公开的场合和私下的场合。

公开的场合,可以是在班级教室,在班会上,面对全班同学或很多同学进行表扬;私下的场合,可以是教室外的走廊,办公室,或是网上聊天、电话联系等情境中,只面对被表扬者进行表扬。这两种场合的表扬,各有优势,各显奇效,如何选择还要视具体的事情而定。

☺ 公开的表扬,树立学习典型

对于班级中日常出现的好人好事,班主任的表扬一般要面向全体,力求公平。公开的表扬,不仅能赞扬被表扬同学的美好品质,增强荣誉感,为班级同学树立学习的榜样,而且有利于避免出现调查事实失误,有了全班同学的监督,被表扬的同学只有实至名归,才能心安理得。

公开的表扬,有利于造成正面而良好的影响。有的人说:"批评用电话,表扬用喇叭。"因此,表扬学生要当着大家的面,使大家都知道学生的进步并对其报以赞赏的目光,这有利于学生的更大进步,特别是对于那些以往表现不佳的学生。同时,表扬的成绩有目共睹,不仅很有说服力,而且可以鞭策其他学生,从而全面调动学生的积极性。

在选择公开表扬的对象时,班主任对不同基础的学生要一视同仁,不能存在偏见,只要学生有相同的良好表现,都要给予表扬。特别是对平时学习成绩和活动表现都不是非常优异的学生,班主任一定要舍得表扬,对后进生的进步,教师甚至还可以适当放大。

公开的表扬,对于受表扬学生来说,可以使其自身进一步明确自己的优点和长处,进而巩固它,发扬它。班主任可单独口头表示赞许,也可书面对其表扬。公开的表扬,可以促进受表扬者的进取心和荣誉感,是鼓励积极上进的好方法,所以表扬应多采取公开的场合,或举行较正式的仪式。总之,公开的表扬不仅表彰了个人,还能为集体树立起先进的榜样,不仅鼓励了个

表扬篇

人,也教育了大家,更能有效地带动班集体前进。

请看下面的一则案例。

【案例现场】

班上有两名男同学,平时比较调皮,而且个性较强,他俩平时总爱出风头,耍小聪明,油嘴滑舌,不但自己不守纪律,还会带动一部分同学不守纪律,科任老师上课他俩就更不像话。老师批评他们多次,教导处批评他们两次,可他俩就像得了健忘症似的,好了两周又旧病复发。有时真的拿他们俩没有办法。

但是在学校举行的达标运动会上,他们的表现却令大家刮目相看。最后一项是800米长跑,运动场200米一圈,得跑四圈,这两名男生的长项是跑800米,这时候已近中午了,我都饿得筋疲力尽,何况学生了。心里很担心他俩跑不下来而中途退场。不一会儿,发令枪响,只见他俩像离弦的箭一样冲了出去,前三圈他俩始终处于领先,最后一圈时,他俩都累得满头大汗,速度减慢了,后面的同学眼看就要追过去了,全班同学不约而同地站起来高声大喊:"加油! 加油! ……"他俩像真的"加油"了一样,快速向终点冲刺,最后,第一名、第二名都被我班包揽。我班同学高兴地欢呼:"我班赢了! 我们胜利了!"

看到当时的情景,班主任非常感动。班会上,班主任在总结运动会的表现与成绩时,趁热打铁表扬了他们俩:"有集体荣誉感、有奋勇拼搏精神,为我们班集体争得了荣誉,非常值得全班同学学习。"从那以后,这两名同学发生了明显的变化,能够较好地遵守纪律,学习成绩也有较大的进步,最后顺利地升入了初中。

【案例分析】

案例中两名男同学平时的表现并不尽如人意:调皮,个性较强,爱出风头,耍小聪明,油嘴滑舌,屡教不改……这些问题,使学校和班主任都为之头痛。但是他们俩在运动会上的突出表现,被班主任紧紧抓住,并加以大力表扬,为大家树立了榜样,更为重要的是两名同学发生了可喜的变化,进步明显。

【案例总结】

从上面的案例中可以看出，公开表扬，不仅可以使受表扬者得到精神上的鼓舞，而且会给班级里的其他同学树立学习的榜样。对那些平时表现不好的同学，放大他们的闪光点，更可以使其他同学对他们的印象产生有利的改变，维护他们的正面形象，为他们的人生奠基。

☺ 私下的表扬，拉近师生关系

对于不同年级的小学生来说，公开表扬和私下表扬要双管齐下，而且要根据学生的性格特点和心理接受特点来选择采用哪一种表扬的方式。一般来说，对于低年级的学生，公开的表扬效果好，而对于高年级的学生，教师在身旁低声地称赞或办公室里私下的表扬，可能比在全班面前表扬更会令他感到愉快，因为这样做会避开被其他学生议论、嫉妒的境地，同时还显得教师格外器重他。

请看下面的一则案例。

【案例现场】

新学期的开学典礼，有一场迎接一年级新同学的情景剧表演。音乐老师到六年级的各班挑选两名男同学参加。班主任崔老师推荐了小杭和小鑫两名男生，这两名男生虽然学习成绩一般，但平时的表现都很活跃，参加班级活动更是积极，崔老师想让他们锻炼一下。他们也都爽快地答应了。但是第二天，小杭同学却自己跑到音乐老师那里说要退出，因为下午放学后排练没有人接他。等到崔老师知道这件事时，小杭的位置已经由其他班的一名男生代替了，这样班上只有小鑫同学留了下来。

在开学典礼的情景剧表演中，小鑫同学表现得很好。在开阔的开学典礼舞台上，他拉着一年级小同学的手，饱含感情地对白，共同展现了新生对学校的欣

表扬篇

喜期待与高年级学生对新生的关爱,使开学典礼充满了温情的氛围。

随后,在"我参与·我快乐"的开学典礼主题班会上,崔老师又引导同学们重温了开学典礼的感人画面,并让同学们在周记本里写出自己对开学典礼的感受。参加了情景剧表演的小鑫自然比其他同学有更为深刻的经历和体验,他在周记本上所写的内容也更为丰富,他是这样写的:看到一年级小同学天真可爱的样子,我想起了自己刚上一年级的情景。现在,我已经上六年级了,我要珍惜小学最后一年的时光,绝不浪费一分一秒。我非常高兴能有这次参加情景剧表演的机会,这次演出使我看到了自己的成长,使我懂得了珍惜。

崔老师看完小鑫的周记很高兴,又想到小鑫在表演情景剧前后的表现,觉得应该表扬他。经过考虑,崔老师觉得这种情况不宜公开表扬小鑫,因为当着全班同学表扬小鑫就难免要提到小杭,即使不提小杭,班上的同学也会想到小杭的退出,那样就会给小杭的心理造成压力,还可能有一些同学会埋怨小杭浪费了班级里的一个名额。所以,崔老师决定在私下里表扬小鑫。

崔老师便对小鑫说,你的周记写得很详细,写出了自己的感受,可见你参加这次情景剧表演非常投入,也很有收获。这样吧,你把这篇感受稿子打成电子稿,老师帮你修改一下,然后投到校报。小鑫很高兴,第二天就把电子稿交给了崔老师。经过崔老师的修改,小鑫的稿子顺利地被校报采用了。

【案例分析】

在上面的案例中,崔老师之所以选择在私下里表扬小鑫,是为了不使小鑫感到尴尬,或是受到同学的指责。同时,崔老师在私下表扬小鑫的同时,又帮助小鑫将稿件发表到校报上,这就使私下的表扬进一步延续,使表扬的效果更为持久。

【案例总结】

从上面的案例中,可以看出,有时私下里的表扬,不仅要激励受表扬的同学继续进步，也要照顾到不被表扬同学的心理感受。这也提示班主任们，在热情地表扬学生的时候，应该避免使不受表扬同学感到一种心理上的缺失感或压力，把表扬做到更为人性化。

在私下的表扬中，为了鼓舞学生的积极性，班主任不妨适当地使用"美丽的谎言"，这与真诚表扬并不矛盾。作为一位班主任，首先想到的是为人师表、率先垂范，尤其是在学生面前，更应该正直诚实，不能弄虚作假。但教育实践使我们感受到，在某种特殊的情况下，"美丽的谎言"也不失为一种有效的唤起学生自信的表扬方式。而且，由于这种私下的表扬一般是教师与学生一对一形式的沟通，所以不会因适当夸大而对其他同学造成影响，表扬的目的更倾向于激励学生的自信心。

"用美丽的谎言唤起学生的自信"，这不仅是一种表扬手段和方法，还是一种教育机智和策略。在美丽的谎言中，浸透着班主任火热的激情、无比的信任、强烈的期望，因此，所谓的"谎言"，实乃"吉言"。如何将"美丽的谎言"控制在合理的范围之内，既表达出班主任对学生的殷切期望之情，又不会让学生感到班主任是在故意拔高，感到表扬充满了虚假，觉得这种表扬是自己无法承受的。这绝不是一个简单的技巧问题，而是一个深刻的思想问题。"美丽的谎言"必须要讲究度，要限定在"善意、合理、可能、科学、人文、艺术"的范围之内。简单地说，就是出发点是善意的，内容是合理的，发展是可能的，设计是科学的，情感是人文的，语言是艺术的。

班主任这样做的目的完全是为了有利于学生的发展，充分体现出班主任的良苦用心。只要是对学生有益的就是合理的，就是班主任所应努力追求的。这样的"谎言"就像美梦一样，是可以成真的。说者有心，听者在意，久而久之，就可以形成默契，产生心意相通之妙，为构筑起和谐的师生关系奠定坚实的心理基础。

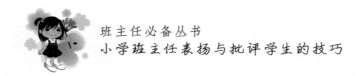

第三章　因人制宜
——表扬的对象和范围

学生和学生之间存在差异，学生和学生的需要也存在个体差异，小学班主任在对学生进行表扬时，无论是精神表扬还是物质表扬，都要针对学生的需要进行，这样才能收到更好的表扬效果。表扬对于小学生的心理成长来说，是不可或缺的维生素，班主任要针对不同的学生个体需要，缺什么补什么，合理选择表扬的方式与内容。

被誉为"中国第一位觉醒的父亲"、"第一位发现孩子没有错的教育家"的赏识教育倡导者周弘老师，在《教你如何赏识孩子》中，针对一个家长的提问，回答道，想要孩子快，不说孩子慢，你越讲他慢他越慢，在孩子动作快的时候就进行表扬，优点不说不得了，缺点少说反而逐渐少。在小学教学中也经常会遇到类似的现象，有的老师抱怨，某学生做事粗心大意，作业磨磨蹭蹭，老师提醒了无数次，说了无数次却不见效。心理学上有一种说法：一种观点，一旦经过多次强化，就会在孩子心中生根。因此，当老师一再指明孩子粗心大意、动作慢等缺点时，学生会形成一种惯性，真的认为自己粗心或慢，相反，若老师把目光放在孩子细心的时候、动作快的时候，多次强化之后，学生的心里就有一种"快"的心理暗示，从而越来越快。

因此，老师在针对不同学生的特点时一定要选择合适的表扬方式，比如对

"学困生"进行教育时，不妨改变对学生的关注点，用老师的细心、爱心和耐心，发现学生的闪光点，赏识他，增强学生的自信心；对优质生进行表扬时，不妨提出更高的要求，激励他迎接更高的挑战。总之，不同形式表扬的最终目的都是为了学生的健康、可持续的发展，成为性格完善、能力全面发展的人才。

第一节　客观表扬优质生，强调谦逊

优质生是一个班级里学习能力较强，学习成绩出众的一类学生。他们往往受到教师的宠爱，同学的拥护，家长的娇惯。针对这类学生的教育方法，要全面分析他们的特点。一般来说，优质生具有独特性、批判性、冒险性、独创性等特征，自我意识较强，常常流露出明显的优越感；有时惯以盛气凌人的派头对人，而看不到自己的不足。

所以，班主任在表扬优质生时，要慎重选择表扬的方式，以免助长优质生骄傲的不良心理。班主任不仅要了解优质生的优势，赏识他们，激发他们的创新意识，更要了解他们的性格特点，及时纠正他们的不良行为，加强对他们的培养与教育，帮助他们成长为全面发展的好学生。

【案例现场】

新学期开始了，班级换了一个大教室。但是教室里却显得空荡荡的，需要有一些装饰，才会更漂亮。班主任王老师没有像以往那样号召同学们直接为班级里捐献各种花草和装饰物，而是让每位同学仔细观察新教室，然后每人设计一份教室的装饰图，谁设计得更漂亮，就按照他（她）的图案来装饰教室。

设计教室的装饰图，对于一些平时爱画画的同学是不难完成的。班里的小

表扬篇

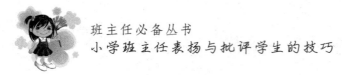
卉平时画画的水平就很高，学习成绩也非常好，是班里的优质生。她为班级所设计的装饰图，非常漂亮，不仅为各个墙画设计了装饰的图案，而且为班级的窗台也设计了盆花摆放的位置，还设计了不同的花草种类，搭配得很漂亮。

王老师看到了小卉的设计图也不由得称赞起来，再看其他同学的设计图也有非常漂亮的，可见很多同学都非常用心地设计。但也有一些平时画画不好的同学设计得就非常简单，也没有用彩色的笔来勾画，显得非常单调。王老师想听听大家的意见，再决定采用谁的设计图。

在班会课上，王老师手里拿着几幅画得很漂亮的设计图，向全班同学展示，并请同学们评论每幅设计图的特点，并找出一幅最好的设计图。同学们经过一番比较，都认为小卉的设计图最好，这也和王老师的想法一致。

王老师高兴地看了一眼小卉，小卉也很高兴，脸上有一种得意的神情，扬扬自得地瞅着她周围的同学。这一点，王老师看在眼里，嘴里刚想说出的话，突然打住了。小卉虽然平时学习成绩优秀，但是却非常容易骄傲，有时她得意的话让周围的同学听着很不舒服，或许她现在正在等着王老师的表扬吧。

王老师想到这些，脸上的笑容平淡了一些，对全班同学说："大家都认为小卉的设计图非常好，这也和她平时的绘画水平有关，平时画画水平不同的同学这次就受到很大的影响，心里有好的想法可能也没有很好地表达出来。刚才也有很多同学说出了其他几幅设计图的优点，我觉得也应该吸取一下。现在，我把这几幅设计图都交给小卉同学，由她在自己设计图的基础上，把其他几幅的优点也整合一下，大家看怎么样？"同学们都表示同意。小卉脸上刚才得意的表情也不见了，她感受到一种信任和责任，不容她得意忘形。她郑重地接过了王老师交给她的几幅设计图，决心要设计出一幅更好的设计图来。

【案例分析】

案例中，班主任王老师让每位同学为新教室设计装饰图。平时绘画水平就很高的小卉的设计图得到了同学们和王老师的好评和采纳。但是王老师看到小卉脸上骄傲的神情，又想起了小卉平时在取得好成绩或是受到表扬时非常容易骄傲，有时会引起同学们的反感。出于这种考虑，王老师决定改变对小卉的表扬，避免使小卉产生骄傲的情绪。

【案例对策】

案例中，王老师的话值得仔细推敲。

"大家都认为小卉的设计图非常好，这也和她平时的绘画水平有关，平时画画水平不同的同学这次就受到很大的影响，心里有好的想法可能也没有很好地表达出来。"这些话强调是大家认可了小卉的设计图，还不是王老师一个人的决定，同时，指出小卉的设计图出众的原因是平时画画水平好，这也安慰了那些认真思考但是设计图略逊一筹的同学。

"刚才也有很多同学说出了其他几幅设计图的优点，我觉得也应该吸取一下。现在，我把这几幅设计图都交给小卉同学，由她在自己设计图的基础上，把其他几幅的优点也整合一下，大家看怎么样？"这些话表扬了其他几幅的优点，并提出了一个更高的目标，由小卉把几幅图的优点整合起来，并征求大家的同意。这些话就使小卉消除了自己的骄傲心理，保持谦逊的态度，同时感受到同学们与王老师的信任，有了一种更为深沉的责任感。

班主任之所以要慎重表扬优质生，是因为优质生固然有自己优秀的一面，但也必然存在一些不足之处，因此不可避免地会犯一些错误。如果班主任只看到他们有特长、表现优秀，一味地大力表扬，而对他们存在的问题或骄傲自满的心理不及时给予纠正或批评，就等于助长了他们的不良行为和心理。久而久之，他们就会变得肆无忌惮，目中无人。

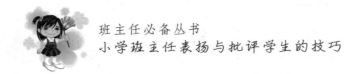
第二节 时刻相信"学困生"，给予希望

在一个班级里，总会有一些在学习上存在困难的学生，可以统称为"学困生"。

这类学生最大特点就是学习成绩不高。究其原因，既不是因为他们智力低下，也不是因为他们不够聪明，而是因为他们自己不愿意学。他们在学习上不肯用功，在思想上不求进步，只图安逸自在，怕动脑筋，缺乏吃苦精神，不愿意在学海中以苦作舟。由于长期形成的不良行为习惯和学习习惯，导致了他们纪律性差、自控能力差、学习积极性差、学习方法不合理……这不仅影响了班级的教学质量和水平，同时也影响了班级良好班风、学风的形成，损害了班集体的利益。

对于"学困生"进行表扬的目的就是促进他们向积极的方向转变。但是，"学困生"的转变不可能是一蹴而就的，班主任要有耐心、有信心，让他们一步一步地转变。班主任不能看到学生某日努力学习了、某天又不遵守纪律了，就以为他的进步是假象、以为他是装的。其实，只要学生表现出进步的迹象，即便是装出来的，那也是一种进步，班主任应当给予表扬和鼓励，但在表扬、鼓励的同时还要给他敲敲警钟。

作为小学班主任，心中要有"学困生"，但绝不能把他们看成"学困生"。班主任要对"学困生"给予高度重视，用真诚的爱、经常性的赏识拉近师生距离，用兴趣点激发出他们积极向上的动力，采用因材施教等教育手段，激发他们的学习兴趣，帮助他们提高学习成绩。

请看下面的一则案例。

【案例现场】

班主任李老师虽然不是英语老师，但负责每天中午的班级每日读工作。

英语每日读每次都是由英语科代表领读的。班主任决定让更多的同学得到锻炼，便与科代表商量，让同学们轮流领读一页书的内容，这样也减轻了英语科代表的任务。同学们到前面领读的积极性很高，纷纷举手，于是到教室前面领读完一页的同学便会随意点下一位同学到前面。

有一位男同学领读完之后，点到了小铭的名字。但小铭在座位上就表现出很为难的样子，迟迟不离开座位。李老师突然想起来小铭平时的英语成绩就不太理想，上次期末英语考试才得到36分，与其他同学在英语方面的差距非常明显，他在英语朗读方面应该也存在着一些问题。趁这次机会，李老师也想看看小铭的英语朗读水平如何。

过了一会儿，小铭还是走了上来，开始读了，但是声音非常小，根本听不出来他是在读还是没读，下面的同学自然也没有办法跟读。对于这种情况，是在李老师意料之中的。李老师轻轻拍拍小铭的肩膀，然后直接面对全班同学说："每位同学都有到前面读英语的机会，这也是一次难得的锻炼自己的机会。疯狂英语的创始人李阳曾经说，大声读，才能使英语发音更标准。大声读，也可能表现出你的自信。有了自信，读英语也自然不会有什么问题了。"然后，他再对着小铭说："今天晚上回家之后，听录音好好练习一下，老师相信你会读得更好、更标准。明天中午是你的专场。"小铭点了点头，脸上的表情并不轻松。或许，对他来说，读英语真的是一件很难的事情，但是李老师决定必须让他勇敢地走出这一步，并以此为契机提高他的英语水平。放学之前，李老师又单独跟他说了几句，督促他晚上回家练习，要对自己有信心。

第二天中午，由小铭领读了一页的英语课文，与昨天相比，有了明显的进

表扬篇

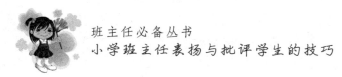

步，虽然声音不大，但是读句子通顺了很多。看来，小铭昨天晚上确实是花了不少时间来练习朗读。

李老师决定巩固小铭取得的进步，让这种学习的劲头更强烈，便当着全班同学说："我要表扬小铭今天的进步，他确实是用功去练习了。如果今天回家他继续努力练习朗读，我相信他明天会读得更好。明天我们再给小铭五分钟领读的时间，好不好？"全班的同学齐声回答"好！"不由得给小铭掌声鼓励。小铭也更有信心了。

【案例分析】

案例中的小铭平时的英语学习成绩就很不理想。在一次英语每日读的领读中，小铭在英语朗读方面的能力缺陷引起了班主任李老师的注意。怎样抓住这次机会，使学习英语存在较大困难的小铭，重新燃起学好英语的信心和希望，是需要李老师仔细思考对策的一个问题。

【案例对策】

面对小铭"声音非常小，根本听不出来他是在读还是没读，下面的同学自然也没有办法跟读"的情况，李老师并没有吃惊，更没有对小铭予以批评，而是采用鼓励小铭"今天晚上回家之后，听录音好好练习一下，老师相信你会读得更好、更标准。明天中午是你的专场。"有了李老师的鼓励，小铭用心练习，在第二天的领读中果然有了明显的进步。李老师适时表扬，并且为了巩固小铭的进步，鼓励他更加努力，次日继续领读。

上面的案例启示我们，对于"学困生"，班主任一定要为他们多创造受表扬的条件和机会，并选择合适的方面为突破口给予表扬，从而引发他们的学习热情。只要班主任用真心观察"学困生"的微妙变化，尽全力去了解、帮助"学困生"，找到表扬的突破口，对症下药，给予学生信心和勇气，让学生看到希望，那么，"学困生"也能挖掘出自身学习的兴趣和潜能，也能满腔热情地学习。

☺ 表扬"学困生"的一些方法

每个班都难免有个别"学困生",对于"学困生",班主任不能放弃,也不能训斥、指责,一棒子打死,而应该通过表扬、鼓励,帮助他们树立自信心,激发他们的学习兴趣,使他们健康、全面地成长。有些班主任还总结一些表扬"学困生"的方法和经验,请看以下几点:

1. 以闪光点带动学习兴趣。虽然"学困生"的学习有困难,但并不代表他们做什么都有困难,什么都落后,"学困生"往往是体育的健将、绘画的行家、唱歌的能手、劳动的标兵……他们的品质也许比学习好的同学还要好。作为班主任,要善于发现"学困生"的长处,发现他们的闪光点,并及时总结和表扬他们的长处,用他们的长处弥补他们的短处,同时还要想办法挖掘他们的潜能,引导激励他们把自己的注意力转移到学习上来,从而激发出他们的学习积极性和主动性。

2. 降低学习目标。"学困生"学习困难,接受知识慢,难以培养对学习的兴趣,对学习很容易产生畏难情绪。针对这一现象,班主任要降低要求,放宽对他们的要求,让"学困生"完成他们自己能够完成的学习任务,让他们很轻松地掌握符合他们现状的知识。这样就能树立"学困生"的信心,使他们体会到成功的喜悦,感觉到原来自己并不笨,原来学习也不是一件很难的事情,从而轻轻松松地把"学困生"引入学习的殿堂。

3. 经常给予赏识性评语。"学困生"写作业比较困难,班主任在批改作业时,如果发现他们的作业中错误过多,可以不先打分数,而是为他们的作业写激励性评语来激发"学困生"的学习动力,让他们自己改正错误,然后再给学生评分,这样就避免让过低的分数打击他们的积极性和自信心了。

4. 因势利导,让"学困生"活跃课堂。"学困生"往往有一些坏习惯,比如,上课注意力不集中,爱交头接耳,思想开小差,有时为了应付教师布置

表扬篇

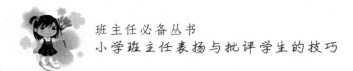
的作业，课后东抄西抄。这不仅对学生自己无益，而且还会对其他同学造成不良影响，影响全班的学风。针对这种情况，班主任不能采用硬性压制的手段，而要因势利导，鼓励学生在课堂上畅所欲言，让学生在班主任的指导下参与教学过程的讨论。

5. 正确评价"学困生"的进步。传统的教学评价观是以分数为标准，以分数的高低论学生的好坏。如果用这样的尺度来衡量"学困生"，可能他们永远都无法达到成绩优秀的标准。所以，衡量"学困生"的进步要让他们自己与自己比，今天与昨天比。评价的尺度要随着"学困生"成绩的提高而升高，让他们感到有压力也有希望。实践证明，班主任适时的正面评价会形成无形的赏识力量，进而促使"学困生"对学习逐渐产生浓厚的兴趣。

第三节　多赞扬调皮学生，关注优点

调皮的学生往往属于外向型，他们往往活泼、好动、个性强、胆子大，但自我约束能力比较差，有上课喜欢搞小动作，不注意听讲，下课爱打闹，不爱做作业等不良习惯。

这些调皮的学生经常会影响课堂纪律、破坏课堂秩序，使教师的教学计划不能顺利完成。因此，很多教师都对调皮学生感到头疼。但调皮是学生的天性，我们不能把每个学生都调教成我们想象中的"乖"孩子。

通常，调皮学生都非常聪明。教育这类学生，我们要以表扬、鼓励为主，善于发现他们身上的闪光点，通过和谐的教育手段，使学生的调皮变成学习中的求知欲望、探究和创新动力。对调皮的学生多一份信任、多一句肯定、多一句激励、多一些鼓动，就可以驱散他们沉淀在心底的自卑，找回他们宝贵的自尊，唤醒他们尘封的潜能。

在教育心态上，班主任不能把调皮的孩子定格为坏孩子，而要以爱心、耐心来关注他们，了解他们的内心，尊重他们的个性。同时，又要以一颗宽容的心来对待他们，给他们表现的机会，满足他们的表现欲望，让他们找到成功的感觉，感受成功的喜悦。

请看下面的一则教育案例。

【案例现场】

班上有一名男生小齐，他平时就非常调皮，经常在班上搞一些恶作剧，比如用虫子吓唬女生，或是在课堂上发怪声，引得大家很不高兴。他的学习成绩也一般，作业也不认真完成。但是他也有很多的优点，为人诚实，有爱心。比如，每次做完恶作剧后，班主任孙老师一问是谁做的，他肯定会很利索地站起来承认；有时，孙老师问他为什么要吓唬同学，他说是看那个同学不高兴，他想引同学高兴。孙老师知道这是他的真心话，因为他心里很单纯，并没有坏的想法。所以，有时对于小齐所做的事，班主任孙老师也是哭笑不得。

最近，班级要申报"文明建设优秀班集体"，孙老师号召大家为班级教室捐献一些盆栽花草。第二天，小齐就为班级捐献了一个一米多高的盆景。一问才知道，是早上他要求爸爸专门开车送来的。此外，小齐还带了几块白色的桌布，上面印着几朵小红花很漂亮，也是献给班级的。孙老师问小齐为什么带桌布，小齐说，饮水机上面经常会落一些灰尘，而且还不好擦洗，现在罩上桌布就方便打扫了。小齐可真是一个有爱心的孩子啊。

孙老师利用中午班级小会的时间，表扬小齐为班级所做的贡献。提到小齐，有的同学还是会想起被他捉弄时的情景。所以，在表扬小齐时孙老师特意对同学们说："虽然小齐平时很调皮，爱搞恶作剧，但是我们也可以看到小齐是

表扬篇

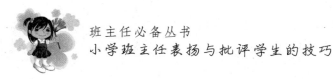
一个非常有爱心的同学。老师希望小齐以后对同学们的关心多一些,恶作剧少一些。小齐,你说好不好?"听孙老师这么一问,小齐不好意思地笑起来,露出他那两颗可爱的大板牙。

虽然小齐一时还难以改变搞怪、捣乱的毛病,但是他对班级和其他同学的关心确实多了一些。

【案例分析】

案例中的小齐是一个平时非常调皮的孩子,也经常搞一些恶作剧。但他为人诚实,也有爱心。在建设班级环境的活动中,他为班级捐献了漂亮的盆景与桌布,可见他对班级建设也是非常关心的。班主任孙老师利用表扬小齐的机会,对他以往存在的问题只是轻轻一点,更多的是表扬小齐有爱心的优点,并对小齐提出更多的希望。虽然小齐一时还是难改调皮的性格,但是确实发生了一些可喜的变化。

【案例对策】

从上面的案例中,我们可以看出,对于调皮学生的表扬,要关注其优点。调皮学生的缺点固然很多,如果一味只是批评,也难以促其改正。有时,调皮学生做出一些值得表扬的事情,有些班主任或任课教师却因他们平时的烦人表现,而选择了不给予表扬,认为表扬调皮学生会使他们更调皮,更得意忘形。其实,对于调皮学生,如果多给予表扬,往往更有利于帮他们克服自身的缺点。就像案例中的小齐听完孙老师的话,有些不好意思了。所以,多给予调皮学生表扬,有利于强化对他们的正面引导,促进其进步。

☺ 表扬调皮学生的一些方法

每个班级都不免会有几名调皮捣蛋的学生,他们或者上课说话,或者下课打闹,或者不做作业,或者挑拨是非,总之,有很多不良习惯。但调皮的学生不一定就是差学生，更不是坏学生。实际上有很多求知问题都是学生在调皮过程中提出来的，这恰恰说明这些学生好思考、爱动脑筋。管理调皮学生，班主任不妨用一些软办法，比如激励、表扬，也许比罚站、请家长效果会更好。

1. 以调制调法。即由"调皮生"来管理"调皮生"，以"硬"碰"硬"。有的班主任就在那些调皮学生中选出值日班长，每人负责一天的纪律。这样既可以让他们加强自制力，进行自我管理，又可以为他们创造受表扬的机会，得到心理上的满足。

2. 激将法。调皮学生的好胜心都比较强，在教育调皮学生时，我们要善于抓住学生的这一心理，使用先抑后扬的方法来激起调皮学生的好胜心。班主任一定要善于设计针对调皮学生的表扬语言，使表扬语言在无形中起到激励其进取心的作用。

3. 定几条不是奖励的"奖励"。班级管理不可能永远只有奖励，有奖也必须有罚。那么，班主任是否可以用一种看似奖励的处罚方式来激励、教育调皮生？比如，教育犯错误的调皮生时，班主任不妨把"检讨书"改成"情况说明书"；教育没有打扫卫生的调皮生时，不妨说"奖励他打扫卫生一次"。这明显是一种温情的处罚，是给调皮生一个改正错误的机会，让他们来赢得大家的谅解。相反，如果班主任说"罚他重扫一次"，则明显带有强制性，易引起学生的对立情绪，收不到好的教育效果。

4. 多组织创造性的活动。调皮学生的共同特点是好动，他们脑子里好奇的问题多，手头闲不住。如果班主任多开展一些活动，则可以充分调动他们的积极性和创造性，激励他们发挥才智，挖掘出他们的潜能，使调皮学生变为多才多艺、聪明可爱的好学生。这些活动的开展，本身就是赏识教育的体现，更是班主任对其进行表扬的大好时机。

有句话说得好:"赏识导致成功,抱怨导致失败。"即使再调皮捣蛋的学生,也都有其优点。因此,作为教师,班主任首先应去掉"有色眼镜",热忱地去发现他们在为人处世、学习生活等方面所表现出来的优点和进步。看到优点就表扬,发现长处就扶持,有了进步就赏识,采取适当有效的方式,激励学生奋发向上。

第四节　多鼓励自卑学生,渲染进步

一个人一旦形成自卑心理,往往会从怀疑自己的能力到不敢甚至不能表现自己的能力,从怯于与人交往到孤独地进行自我封闭。这样一来,本来经过努力可以达到的目标他们也会因认为"我不行"而放弃追求。自卑的学生往往对自己缺少自信,或对于自己的某个地方感到不满意。这种极度消极的心理是不利于人的成长与发展的,尤其是对小学生来说,因为他们的年龄和心理因素的关系,如果产生了自卑心理,就会严重影响他们的成长和发展。

对于有自卑心理的学生,作为班主任不应该歧视他们、忽略他们,给他们的伤口撒盐,让他们痛上加痛,而要想办法及时激起他们的自信,更多地关心、赏识他们,把注意力放在他们的优点和特长上,使之一步步敞开自己的心胸,感受大家给他们的善意,让他们重新扬起希望的风帆。

帮助自卑的学生建立自信,班主任做的第一步就是寻找一个突破口,给他们确立稍加努力就可以达到的目标,使他们体验到表扬的快乐,进而产生继续努力的动力,也要让他们坚信,自己的智商并不比别人低,只要努力就一定可以获得成功。请看下面的一则案例。

【案例现场】

新学期开始，王老师接手了三年级的一个班。

开学的第一天，班上有个叫小苗的同学就引起了王老师的注意。中午打饭的时候，是他的同桌帮他打的。王老师轻声地问了他一句，为什么不自己去打饭？谁知，他竟然立刻眼泪汪汪，只是不出声地哭，一下子把王老师弄懵了，不知道是怎么回事。他的同桌是一位女同学，看到小苗哭，似乎已经司空见惯，对王老师说："他上一年级时就这样，下课很少敢出去玩，中午也不敢自己去排队打饭，一年级时，我还喂过他呢。"同桌的一番话让王老师吃了一惊，想不到这个班里竟然还有这么怯懦自卑的孩子。

过了几天，小苗的妈妈给王老师打了一个电话，目的是想让王老师了解一些关于小苗以前的情况。原来上幼儿园时，小苗所在的幼儿园服务非常好，阿姨们照顾孩子极为周到，"衣来伸手饭来张口"。他妈妈认为是这个原因造成了小苗上三年级还不会穿衣服，动手能力非常差。所以给王老师打了一个电话，想让老师对小苗格外照顾一些，锻炼孩子的能力。王老师明白小苗妈妈的想法，也觉得已经到三年级了，孩子的动手能力、自立能力应该得到更好的锻炼，也有助于克服他的自卑心理。

课间休息时，王老师坐在教室里仔细观察小苗的活动情况。只见，他安静地坐在座位上，眼睛怯生生地瞄着其他的同学，但是眼神在每个人身上停留的时间都不长。这时，班上一个叫小宇的男孩子，过去找他，拉着小苗的手，小苗才敢离开座位，然后他们俩一齐出去了。有几个课间，小宇不来找他，小苗竟然坐在座位上，一步也不离开。有几次，王老师轻轻地拉住小苗，微笑地跟他说话，但是小苗把头转到一边，不敢正眼看老师，更是一句话也不说。王老师有时在教室里批评其他学生，声音一大点儿，小苗竟然也会流起泪来。这个小苗，真的是一点儿也"碰"不得啊。应该如何锻炼这个孩子呢？王老师一直在寻找机会。

表扬篇

一个课间，班里的大部分孩子都出去玩了。课间，教室里应打开窗户通风。王老师看到第一个窗户上的遮光卷帘还没有拉上去，就想叫一名同学去拉上去。这时，王老师看到小苗正在座位上坐着，突然有了一个主意。王老师轻声地叫小苗："小苗，你去把窗帘拉上去，把窗户打开通风。"小苗看看王老师，又看看卷帘，迟疑了一会儿，还是慢慢地离开了座位，走到了窗户前。只见，他伸出右手，握住卷帘的拉绳，一下一下地往下拽，而左手却一直垂着，一点儿都没用上。大约过了一分钟，卷帘才上了半米的高度。王老师不禁笑了，但马上又不笑了，怕小苗哭起来。王老师轻轻地走上前去，拍了一下小苗的肩膀，说："干得不错，看老师这样拉是不是更快一些？"于是，王老师左右手交替拉拉绳，很快就把卷帘拉上去了。然后又对小苗说："看清楚了吗？这样是不是更快一些？"小苗默默地点点头。

　　这时，王老师才笑了，把卷帘又放到了刚才小苗拉到的位置，对小苗说："来，你再拉一次。"小苗于是学着王老师的样子，把两只手都放上去了，一下一下地两手交替地拉，终于把卷帘拉上去了。王老师高兴地说："真好，下次是不是会比这次更快？"小苗还是默默地点点头，脸上没有别的表情。

　　第二天，还是课间。教室里的同学还有好几个，但是王老师特意叫小苗去拉卷帘。这次，小苗下座位的速度比昨天快了一些，走到卷帘边，他开始还是只用右手，拉了几下，好像想起了什么，又把左手搭上去一起拉。很快，左右手交替把卷帘顺利地拉上去了。

　　他转身回座的时候，脸上很快地掠过一个笑容，又立刻平静了。但这一切，都被王老师看在眼里。王老师把小苗叫过来，高兴地对他说："老师要表扬你。你拉卷帘比昨天快多了，有进步。来，为自己的成功祝贺吧。"王老师把右手的拳头握紧，做了一个很有力的手势，然后用左手把小苗的右手举起来。"来，握紧拳头，跟我一起做。"小苗的小拳头也握紧了，跟着王老师做了一个举拳头的动作。这一回，小苗终于灿烂地露出了自己的笑容。王老师的心里如释重负，他知道小苗终于走出了克服自卑的第一步。

【案例分析】

案例中的小苗虽然是三年级的学生,但是由于动手能力没有得到锻炼,内心极为自卑。王老师在仔细观察的基础上,耐心地寻找锻炼小苗的机会。拉卷帘是王老师偶然发现的一个教育契机。对于拉卷帘这个小小的动作,小苗做起来也是很慢的,因为他没有动手的经验。王老师在亲自给小苗做示范之后,又让小苗继续完成没有拉上去的部分,并给予小苗表扬和期望。第二天,小苗拉卷帘的速度比前一天提高了很多,王老师表扬了小苗的进步,并教给小苗做庆祝胜利的拳头手势,使小苗开始变得自信起来。

【案例总结】

这个案例使我们看到了对自卑学生的教育,需要耐心地寻找突破点。因为自卑学生的心理较为敏感,班主任的教育方式或语言不当,都会导致他们的内心受到伤害,从而更为封闭,不易与老师或同学进行沟通交流。案例中的王老师,采用了极为温和的教育方式,从一个拉卷帘的小事情入手,让自卑的小苗勇敢地动起手,逐渐走出了自卑的心理沙漠。王老师对小苗进行表扬,也是着眼于他的进步,并教小苗举拳头表示祝贺,这样就使表扬更为形象有力,在亲自动手的过程中,小苗也学会了一种提升信心和勇气的方法,获得了由自卑走向自信的成功体验。

☺ 表扬自卑学生的策略

要想激起自卑学生心中潜藏的自信,彻底转化他们的自卑心理,不是简单地说一两句"你能行"、"你可以"就行了。班主任需要仔细研究学生自卑的不同原因和表现,有针对性地采用一些表扬技巧。

1. 满足学生的心理需求。心理自卑的学生通常有一个明显特点即很在意别人,尤其是同学和老师对自己的评价。因此,班主任要经常和他们接

表扬篇

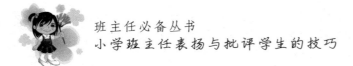

触、交流，最大限度地去满足他们的心理需求。比如，班主任可以多让他们参加一些自己感兴趣的活动，多给他们自我表现的机会，让他们对班级管理提出看法和建议等，然后提出表扬，以激发和增强他们的集体责任感和荣誉感。这些活动都有助于学生淡化或者抑制烦躁、孤独等消极情感，进而变自卑为自信、变自我否定为自我肯定。

2．培养学生坚强的意志。如今的小学生多成长于优越的环境中，很少经历磨难，这便使得他们的抗挫折能力较差，甚至一旦遭遇挫折、碰到困难就心灰意冷，产生自卑心理。所以，培养学生坚强的意志，提高他们抵抗挫折的意志力，是矫治学生自卑心理的根本。为此，班主任可以有意识地根据学生的不同情况，适时地培养他们果断而坚强的意志，激发他们百折不挠地克服困难与挫折的勇气和力量。

3．开辟多种对话渠道，让自卑生在自尊与快乐中蜕变。只有教师与自卑学生之间建立起有效畅通的对话渠道，才能增进师生之间的理解与信任，才能使班主任做到对自卑学生的教育转化工作。对于自卑生，老师要主动地接近、关心、帮助他们，并且这种帮助是自然的、默契的、不为外人觉察的，以保护其敏感、脆弱的心理。笔者经常会用QQ留言的方式，表扬一些自卑学生在学校里的表现，使他们感受到班主任老师对他们的关注与肯定，从而增强他们的自信心。有时这些学生也会在QQ上给我留言，说出他们心里的苦闷与烦恼，而这些话是他们平时与我面对面时不敢说或不好意思说的。还有些班主任利用午休时间、活动课开展"心灵交流会"，让教师和学生在午饭后、活动课中的轻松活泼的共同活动中，了解学生的心理，在学生的亲师过程中走进他的心灵，许多学生的隐私、烦恼就在不知不觉的师生闲聊中得以发现，得以宣泄，得以解决。此外，开展家访活动，也有利于密切师生间情感，拉近师生距离……

总之，通过多渠道的对话，可以让学生向你敞开心扉，促进个别心理辅导的顺利进行，使教师找到学生心理症结所在，利于达到个别心理辅导的目的，并取得良好的预期效果。

4. 用进步的事实说话，用公正的评价表扬。对自卑学生最好的赏识方法就是让他们看到、感受到自己的进步，当那些进步呈现在他们面前时，他们才会切切实实地产生"原来我也可以"的想法。很多学生自卑，不仅是因为自己在某方面较差，更多的是因为教师和同学都以此为由歧视他们，甚至忽略他们在其他方面的进步与优势。这种情形就需要教师能够改变自己的评价方式，试着换一种既能说明具体问题又较为柔和的方法，让学生意识到自己的优点和不足。自卑学生也许很难在短时间内发生彻底转变，但如果班主任能在他们的消极表现背后捕捉到可以激励他们的"闪光点"，因势利导，肯定和表扬他们的每一点进步，就一定能够点燃他们心中渴求进步的星星之火，让他们重新树立起"我也行"的自信，进而从根本上转化和矫正他们的自卑心理。

不管采用何种表扬方式，班主任都要注意保护自卑学生的自尊心。与成年人相比，小学生的自尊心更强烈，尤其是自卑的学生，最怕自尊心受到伤害。因此，班主任需要以爱为原则，保护学生的自尊心，让他们产生一种自己的存在是有价值的感觉，感受到来自教师的温暖与力量，从而以此为基点激励自己鼓起学习、生活的勇气。

表扬篇

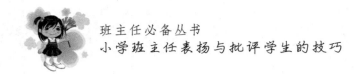
第五节　关爱特殊家庭的学生，融入集体

这里的特殊家庭，一是指单亲家庭；二是指留守学生的家庭。这类学生由于家庭教育的缺失，往往会造成一些学校教育无法弥补的问题。但是，有这样的一句话："生命中有一种强大的力量和命运抗衡，这力量就是——爱。"爱就像是千里冰川上的一个火种，茫茫暗夜里指航的一座灯塔，可以融化无形的隔阂，可以照亮尘封的心灵。对于特殊家庭的学生，班主任唯有以爱为教育的行为指南，才能温暖学生的内心，促进其人格的完善与学习的进步。

☺ 单亲学生

单亲家庭，这一由来已久的社会问题早已成为普遍现象，一般人直觉认为是离异家庭。但随着家庭、社会结构的多元，家庭可能因为各种因素而造成单亲，如离婚、配偶死亡、配偶工作居住两地，甚至未婚先孕等等。由于单亲家庭的成因不同，及学生本身所拥有的社会阅历的不同，面对单亲家庭氛围的感受及调适也就有所不同。

单亲家庭的孩子，极易产生各种心理问题：

1. 抑郁孤独逆反粗暴。由于父母离异，孩子由一方抚养，家庭失去了往日的欢笑，特别是重新组建家庭之后，某些孩子的孤独感、不融洽感会进一步加剧。在校表现为：不爱和同学接触，不善言谈，出现矛盾不能和老师沟通，或心理抑郁，或行为粗暴。

2. 怯懦自卑，狭隘自私。由于家庭的不健全，造成了孩子心理上的欠缺，他们常常感到不如别人，感到让人瞧不起。他们认为自己是多余的人，认为命运对他们不公平，致使他们不信任别人，也不信任自己，生活中充满了迷茫和悲伤。

3. 心理偏位，放任对抗。由于家庭的缺损，孩子在家庭里得不到足够的温暖，从而产生一些心理偏位。既然父母不能给自己足够的关心，那么只能靠自己来寻求快乐了。在校表现为：不能严格遵守学校、班级的各项规章制度，比如迟到、早退、旷课、打架，不思进取，扰乱班级等等。

4. 情绪不稳，厌学严重。单亲家庭孩子中的"学困生"在学习心理上存在着严重的问题。表现为：情绪不稳定、意志力薄弱、志向水平低、厌恶学习等。其外部表现为：行为懒散、放任；上课时注意力不集中，不主动参与学习；回避老师，不主动向老师请教；严重的会干扰课堂纪律，甚至缺课等。

单亲学生的这些心理问题，必然会对他们的性格成长与完善，以及他们在学业、事业上的发展产生深远的不良影响。着眼于一个小小的班集体，单亲学生的一些不良表现也会给班主任的管理工作带来不少的烦恼。如何对单亲家庭的孩子进行正确的教育引导，用表扬的方式有效地纠正其心理问题，需要班主任们认真地观察思考。请看下面的一则案例。

【案例现场】

小臧是五年级的一个男生。他的父母在他很小时就离异了，他与爸爸一起生活。后来他爸爸常年在外地工作，无法照顾他，他便由姑姑抚养，他的姑姑也成为他的第一监护人。可以说，小臧既是单亲家庭的孩子，又是留守家庭的孩子。他的姑姑虽然与他有血缘关系，并对小臧尽心尽力，但是毕竟比不上亲生父母对小臧进行培养的那种感觉。这样的家庭环境，已经养成了小臧孤僻偏执、倔强蛮横的性格。有一次姑姑说了他几句，他竟然要离家出走。从此，他姑姑也不好对他深说，更不敢对他进行批评。在班级里，他也时常会因小事与同学们发生矛盾，

表扬篇

大喊大叫，有时表现得歇斯底里。

有一次，在课间休息时，小臧和几个同学谈论起他父亲送给他的最新版的平板电脑，谁知，他身后的小张来了一句："不就是一个破电脑吗？现在多得是。"小张随口说的这句话，立刻激起了小臧极大的愤怒，他极为狂躁，狠狠地踢小张的腿，嘴里骂骂咧咧，突然举起一把椅子，要打小张。如果不是有周围的同学拼命地拉着，那把椅子肯定要砸在小张的头上，差点儿造成严重的伤害事件。

班主任尹老师听到这件事后，立刻赶到班级。这时，小臧手里的椅子还没有放下呢。尹老师知道他的脾气，也不与他争论，立刻把椅子夺了下来，然后拉起小臧和小张的手，就走出了教室。尹老师把他们俩拉到走廊的一个角落里，开始了解事情的经过。尹老师先让小臧说。小臧怒气未消地说，他说我的平板电脑是破电脑，那是我爸爸过年时送给我的，他凭什么说是破的？小张现在也没弄清楚是怎么回事，很委屈地说，我就说了两句话，说破电脑是一句玩笑话，谁知他就打起我来。尹老师一听，就明白是怎么回事了。尹老师说："你们俩现在冷静一下，现在先不急着道歉，你们俩跟我回教室。"

尹老师把他们俩带回教室，让全班同学安静坐好。然后，尹老师开始说："刚才发生了一件不愉快的事，但是我还是要表扬小臧。"尹老师的这句话一出，让全班的同学都震惊了。刚才因为小臧差点儿出现流血事件，尹老师怎么还会表扬小臧，难道小臧打小张是对的吗？尹老师看见同学们疑惑不解的眼神，不慌不忙地解释道："小臧打小张，当然是错误的。现在打架的真正原因大家并不清楚。大家都知道小臧的爸爸常年在外地工作，很少有时间回来看他。爸爸给他买的平板电脑，就成为了小臧最喜欢的礼物，也是小臧想念爸爸时的一种安慰。咱们班的其他同学，几乎每天都能看见爸爸妈妈，自然觉得没什么。很多同学也都有平板电脑，但是谁对平板电脑的感情会像小臧这样深刻？平板电脑对于小臧来说，不只是一个电脑，而是他爸爸对他的关爱。他怎么能够容忍别人说那是一个破电脑呢？小臧对爸爸给予他的东西格外珍惜，难道不值得表扬吗？"听到尹老师的解释，大家终于明白了小臧为什么会对小张的话有这么强烈的反应，也开始同情小臧，不再用以前讨厌的目光来看待小臧了。尹老师紧接着说："现在大家都明白事情的真正起因了。但是不管原因是什么，打架始终不是解决问题的正确方式，而且给同学造成伤害就更不对了，小臧和小张你们俩能不能向对方道歉？"小张也是泣不成声，他终于明白自己的话对小臧是多么大的伤害。而尹老师的每句话也都说到小臧的内心深处，他此时也是泪流满面。小臧深深地向小张鞠躬，真诚地道歉："对不起，请你原谅我。"小张也很愧疚地向小臧道歉，两人和解了。

全班同学也是备受感动地为他们俩鼓掌，为这件事顺利地解决而高兴。

【案例分析】

案例中的小臧因为小张的一句"不就是一个破电脑吗？"而对小张大打出手，差点儿酿成流血事件。对于这样严重的班级事件，尹老师没有采取严厉批评的方式，对两个学生进行严厉的处罚，而是先稳住事态，而且将事件更深层的原因向大家说出来。正因为尹老师对小臧的家庭环境非常了解，才能一语中的，使两个孩子以及全班同学的内心都受到了震动，从而使这么严重的事件迎刃而解，两个孩子重归于好。

【案例总结】

案例中的尹老师之所以不采用批评而是采用表扬的方式来对待单亲学生小臧的事件，首先是出于保护小臧自尊心的目的，也是为了使小臧与老师之间的距离拉近，使小臧对老师产生信任的感觉，便于事件的进一步解决。

其次，用表扬的方式可以使偏执的小臧化解自身的怒气，开始冷静地反省自身的错误，如果一开始，尹老师就严厉批评，小臧根本就不会听，甚至会和老师对着干，事情会变得很僵。

表扬篇

59

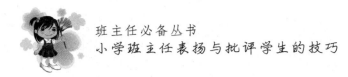

☺ 表扬单亲学生的策略

从上面的案例中我们可以看到,单亲学生固然有很多方面的问题,但是作为班主任一定要全面了解学生的家庭情况,了解学生的内心世界,才能使自己的教育策略被单亲学生所接受。而事实证明,用表扬的方式能够有效地达到教育单亲学生的目的。班主任在运用表扬时还要注意以下几点问题:

1. 洞察学生的心理,倾听学生的心声。大部分"单亲学生"是和父母中的一方在一起生活的,有的单亲学生会因各种原因而只能与祖父母、外祖父母或者其他亲属在一起生活。部分"单亲学生"因长时间失去父亲或母亲的呵护和管教,学业和身心都受到不同程度的影响,易产生性格孤僻、寡言少语、情绪低落等现象。这些状况,对"单亲学生"的教育、心理发展等都会产生巨大的影响。班主任和任课教师要细心观察学生的学习、情绪、身体、表现,多与学生交流、谈心,了解他们的喜怒哀乐、爱好兴趣,分析其思想动态,并关注学生点滴的进步,及时鼓励、表扬。只有将单亲学生各方面情况都了然于心,班主任才能有针对性地对单亲学生进行心理引导,用真情推开一扇扇幼小的心门,解开一个个心结。

2. 用爱心去感化,拉近师生距离。班主任、任课教师要给予单亲家庭的孩子特殊的关爱,并使他们切实感受到班集体的温暖,减少单亲儿童受教育的断层与真空,让单亲儿童的生活充满"阳光"。特别是班主任,应该用满腔的热情去关爱留守孩子,更不得歧视他们。"爱的力量是无穷的",学生在师爱的沐浴下轻松快乐地学习、生活。单亲儿童本身缺少父亲或母亲一方的爱护,所以他们更需要全面的关爱。班主任用温暖其内心的表扬话语,可以融化他们内心对外界的敏感"排外"防线,即使他们违反了纪律,老师也应首选表扬的方式,动之以情,晓之以理,更要让他们明白:老师是关心你、爱护你的，是为你着想才严格要求。这样，在老师面前单亲儿童就不会产生逆反心理或对抗情绪，理解了老师的苦心。

3. 用友情弥补亲情，拉近生生距离。单亲家庭学生所处的环境，特别是他们每日每时所生活的班集体的班风和同学之间的良好关系对他们来说非常重要。在班风良好的班级中，同学与同学的关系反映在既能处理好个人与集体的关系上，同时也反映在能处理好个体的竞争与合作上。班主任要有意识地拉近单亲学生与其他同学之间的距离，引导他们多结识新朋友，这样，单亲家庭学生就会生活在一个充满真情友爱的班集体里，他们自然会感到生活充满阳光，感到自己在不幸之中，又特别幸运。

4. 创造活动环境，用鼓励消除自卑。单亲家庭学生的思想负担重，耻于老师知道自己家中的真实情况，更怕同学知道。班主任应帮助他们对这一社会现象有一个正确的认识：父母的事由他们自己去处理，孩子无法左右家庭。同时，要创造活动的环境，积极鼓励单亲家庭学生参加班集体组织的各项活动和社会活动。对有一定组织能力的学生，老师可以有意识地把活动中最重要的任务交给他们，培养他们的自信心和责任感，增进和其他同学的友谊。对能力弱的单亲家庭学生，也可以有意识地让他们在同学面前做一些力所能及的事，以提高他们的自信心，用积极的心态面对生活。

5. 表扬的同时辅以严格要求。对单亲家庭学生，一定要奉献爱心。虽然表扬的方式有利于拉近学生与老师之间的距离，但是也一定要严格地教育和要求，对原则问题不能迁就。有了违纪行为决不能迁就，耐心的思想教育与严肃的纪律处理是不矛盾的，只要工作做得细，就很可能会得到满意的效果。

☺ 留守学生

留守儿童，指父母一方或双方外出打工，而留守在家乡不能和父母双方

61

共同生活在一起，需要其他亲人照顾、年龄在14岁以下的孩子。

随着社会主义市场经济的发展和城镇化建设步伐的加快，农村富余劳动力大量向城镇转移，也催生出了留守学生这一特殊群体。调查发现，留守学生普遍缺乏必要的家教氛围。无论是隔代亲人还是亲戚，对他们大多局限于吃饱穿暖之类的浅层关怀，在监护内容及责任上存在着很大的盲区，难以尽到对他们的教育责任。对此，加大对留守学生的关爱力度和心理品格方面的教育，就提上了所有存在留守学生的学校日程。

分析留守学生的内心世界，不难发现他们需要关爱，需要帮助，更需要来自他人的表扬；对于他们而言，表扬可能是最具有感染力的。在一个班级里，班主任要想做好留守学生的教育辅导工作，不管采用何种教育策略，表扬则是表达关爱、促进其健康成长的一种积极有效的方式。

请看下面一则案例。

【案例现场】

六年级某班的班主任李老师收到了这样一封信："老师，我父母经常不在家，因此家庭的担子和学习压力压得我几乎喘不过气来，我的学习成绩也越来越差，我特别烦，我觉得生活没有了意义。"

这是班里学生小玉的一封信，从信中可以看出缺少家庭的温暖，缺乏自信，让这名学生发出了危险信号。李老师立即给她回信："小玉：有人说今天的磨难是明天启迪你成功的教科书。父母不在家，家庭的重担交给你，正是父母对你的考验呀！你有什么困难老师可以帮你、同学也可以帮你呀。与张海迪姐姐相比你是幸运的，因为你有一个健康的身体；与洪战辉哥哥相比你是幸运的，因为你有一个完整的家；与贫困山区的小弟弟、小妹妹相比你是幸运的，因为你有学上、有书读。你的父母忍受抛家舍业、骨肉分离之苦出外打工，就是吃透了没有学问之苦，你不上学的话，难道你想让父母的悲剧在你身上重演吗？一旦失去了这个机会，后悔莫及呀!"

第二天,她就又给李老师回了信:"老师,谢谢你对我的关心,你说得很有道理,可是,你知道我有多孤独忧愁吗?"收到她的信后,李老师又立即给她回了信,这一次李老师没再给她讲什么大道理,只是摘录了辛弃疾的一首词给她:少年不识愁滋味,爱上层楼。爱上层楼,为赋新词强说愁。而今识尽愁滋味,欲说还休。欲说还休,却道天凉好个秋!

第三天,李老师把她叫到办公室与她聊天,谈生活、谈学习、谈理想,还谈到了她喜欢的歌星影星。她高兴地与李老师谈了很久。李老师告诉她可以有自己崇拜的歌星,但决不能盲目地追寻,不要丢失了自己,她欣然应允:"老师,你放心吧,我会把握住自己,决不会让你失望的。"

第四天,小玉又给李老师写了一封信,信里也是辛弃疾的一首词,用钢笔写得工工整整:醉里挑灯看剑,梦回吹角连营。八百里分麾下炙,五十弦翻塞外声。沙场秋点兵。马作的卢飞快,弓如霹雳弦惊。了却君王天下事,赢得生前身后名。可怜白发生!看完之后,李老师笑着加了一句批语:很有豪气,大有进步。然后将信还给了小玉。

如今,小玉变得十分活泼、开朗,学习成绩也跨入了优等生的行列。

【案例分析】

案例中的小玉因为父母经常不在家,被家庭的担子和学习压力压得喘不过气来,所以给班主任李老师写信。李老师在两封回信中,勉励小玉勇敢面对生活的磨难,坚定努力学习的信念,并用辛弃疾的词劝说她不要忧愁。又找小玉聊天,谈生活、谈学习、谈理想,还谈到了她喜欢的歌星影星。李老师勉励她:不要丢失了自己。后来,小玉给李老师回了辛弃疾的词,表达自己努力学习的决心。李老师加了一句表扬性的批语:很有豪气,大有进步。从此,小玉变得活泼开朗,学习成绩也有大幅度的提高。

表扬篇

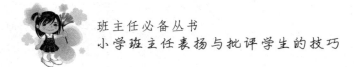
【案例总结】

案例中的小玉因为父母经常不在家而变得对学习没有信心,感到孤独忧愁。李老师通过回信与聊天的方式,对她进行及时的心理疏导,并用表扬性的批语,鼓励她勇敢地面对生活,努力学习。从中,我们可以看出,对留守学生的教育一定要努力做到细致入微,把握学生的心理动向,逐渐解开学生的一个个心结。

☺ 表扬留守学生的策略

对留守学生的表扬,是转化他们的关键。他们缺失的不仅仅是时时在身边的完整家庭之爱,更重要的还有来自他人的鼓励与表扬。对留守学生的表扬称得上是一门艺术,因为如果做不好,就会让这些学生觉得班主任在花言巧语,或是站着说话不腰疼,从而出现费力不讨好的现象。因此,班主任应注意对他们的表扬要合乎情理,要注重策略与技巧。

1. 开展心理辅导,从根源处给予表扬。健全班主任与留守学生谈心制度,创新班主任家访办法,开设心理健康咨询信箱,及时解决留守学生成长中出现和遇到的各方面问题,帮助其养成健康心理,应是班主任表扬的重点。同时,班主任还应积极引导他们制订学习目标,使他们明确努力方向,形成良好的学习习惯,树立正确的人生观和世界观,增强明辨是非、善恶,抵制外界不良风气的能力,正确认识困难和挫折。此外,班主任对他们在此过程中的良好表现要给予一定的评价或表扬。

2. 开展课余活动,丰富留守学生的课余生活。学校可以以活动为载体,开展丰富有益的活动,创造和谐的学习氛围,如举办各种晚会、体育运动会、歌咏比赛、演讲大赛、志愿者服务等,并多让留守学生参与其中,对他们的较好表现要给予充分肯定和表扬。只要班主任多采取一些有效措施,便能让留守学生"留心"在学校,对老师、同学信任,对学校产生信赖感。

3. 为学生与家长的沟通多创造条件。关爱留守儿童，家长的关心是第一位的。国际基础教育界有一句名言："一个母亲胜过一百个教师，一个父亲胜过一百个校长。"因此，班主任要注意推动家校合作，共同做好留守学生的教育工作。首先，班主任应结合自己实际，为留守学生与家长之间的沟通创造条件。电视新闻中就报道过，一位班主任老师让留守学生在学校通过网络与家长进行视频通话，缓解学生对家长的想念之情，也消除了孩子对家长的埋怨，增进了亲子之间的了解。其次，班主任要引导学生父母转变教育观念，重视孩子的全面健康发展，想尽一切办法去关心孩子的生理、心理、情感，关注孩子的所思、所想、所为。出门在外，要经常保持同孩子、代理监护人、教师的联系，随时掌握孩子的成长情况，解决好存在的问题。班主任可以对留守学生的自立能力进行表扬，可以表扬对留守学生进行密切关注的家长，促进亲子理解，推动家校合作。

4. 关注学生的学习兴趣与学习质量。留守儿童许多是由他们的奶奶、外婆等隔代亲属来抚养的，而农村这样的老人绝大部分无法对孩子进行辅导，也很难与孩子进行思想交流，缺少及时的学业辅导与心理沟通。许多留守儿童因成绩不好而产生厌学情绪，进而走上辍学道路。另一方面，农村留守儿童的父母认为孩子不上学可以一起外出打工挣钱，又受读书无用思想的影响，让孩子辍学。所以，农村的小学班主任更要关注留守学生的学习质量与综合成绩，多给予学生表扬，更要让家长多听到老师对学生的表扬，从而使家长坚定让学生继续学习的决心。

总之，班主任要做好"留守学生"的思想工作，必须针对"留守学生"各自不同的情况，制订出行之有效的教育对策来。作为班主任，要关注"留守学生"的思想，做他们的知心朋友；关注"留守学生"的心理，做他们心灵的引路人；关注"留守学生"的生活，做他们生活的贴心人；利用班级主题会

65

活动,解开心灵的"疙瘩"。关爱、爱护每一个"留守学生",是我们每一位班主任应尽的责任和义务,没有爱就没有教育,爱学生是教师必须具备的美德。能得到老师的关爱,是每个学生最起码的心理要求,让我们用真挚的爱心,去启迪"留守学生"的心灵吧!

第四章 妙"语"生花
——表扬的话语和效果

第一节 表扬的话语，饱含深情与希望

有些班主任老师或家长，虽然对学生现有的进步非常高兴，并给予表扬，但却没有很好地达到表扬的效果。这里除了要注意表扬的时机和场合，以及受表扬对象的心理状态外，还要注意表扬的话语是否得当。

这里有两种情形的表扬：一种是伴有怀疑的表扬。这种表扬会大大削弱学生的积极性，使学生对自身的努力得不到认可，更不能很好地坚持以往的成绩或良好表现。比如说，某学生把自己负责的卫生区打扫得非常干净，希望得到班主任的表扬，班主会却问："这是你一个人打扫的吗？"这种话无疑是向学生头上泼冷水，怀疑学生的表现，使学生的积极性备受打击。

另一种是着眼于更高目标的表扬。这种表扬，看似是提醒孩子追求最高目标，避免骄傲，实则否定了学生取得的已有成绩和为之付出的努力。比如说，学生通过竞选，当上了中队长，班主任却说："在班上当一个中队长并不算什么，当上大队长才值得高兴。"这看似是鼓励学生不要骄傲，实则是漠视学生已有的成绩，使学生没有很好地收获竞选成功的体验。

所以，班主任应着眼于学生现有的成绩和为之付出的努力而给予表扬，

表扬篇

67

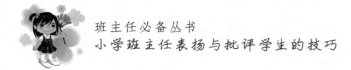

并慎重选择表扬的话语。表扬的话语既不要怀疑学生，也不过高要求学生，让学生在心中对成功的体验回味良久，并在这个基础上去取得更好的成绩。

☺ 用爱的话语鼓励学生

不管是对哪类学生进行表扬，班主任都应用充满关爱的话语来鼓励学生。对学生来说，教师的爱是一种信任、一种尊重、一种鞭策；对教师来说，爱学生就是热爱自己的职业，就是"俯首甘为孺子牛"，就是教师职业道德的集中体现。

陶行知先生说过："你的教鞭下有瓦特，你的冷眼里有牛顿，你的讥笑里有爱迪生。"苏霍姆林斯基也说过："如果你不爱学生，那么你的教育从一开始就失败了。"每名学生身上都有闪光点，班主任教师如果善于用爱的话语激励学生，每名学生都有成功的机会。教师对学生的爱是一种最能打动学生心灵的力量。

我国伟大的人民教育家陶行知先生奉行"爱满天下"的宗旨。在他看来，"真教育是心心相印的活动，唯独从心里发出来的，才能打动心的深处。"所以，班主任在锤炼自己的教学语言时，一定不要忘记加入爱的元素，在使用表扬的话语时，一颗关爱学生的心是使表扬达到教育目的的一剂不可或缺的"引子"。那些在管理班级和学生方面缺少经验的班主任要切记：一双眼睛看不住几十名学生，而一颗爱心却可以拴住几十颗心。

请看下面的一则案例。

【案例现场】

班上有一位叫小朋的男同学，学习一直很踏实，学习成绩也不错。但最近一段时间，班主任尹老师发现小朋有些不对劲，以前在课堂上挺活跃的他，现在变得很沉默，很少发言了。慢慢地，小朋的学习也越来越差，甚至有几次连作业也没按时交上来。据别的任课教师反映，有好几次上课都没发现小朋的影子，派同学去找他，发现他一个人在走廊的窗边发呆，好像有什么心事。

尹老师暗想："出什么事了？小朋平时的学习很用功，最近是怎么回事呢？如果小朋现在的这种状态不改变，学习会一落千丈的。"

尹老师给小朋的妈妈打电话，这才得知，小朋的爸爸最近因心脏病突然发作不幸逝世了。小朋还只是一个小学四年级的孩子，他自然无法接受这个事实，这段时间心里一直很悲伤。他的妈妈最近也在处理后事，所以没有及时与尹老师沟通。尹老师也很自责，埋怨自己了解得太晚。现在，面对这个少年时就失去父亲的学生，为了弥补他的遗憾，尹老师决定尽自己的所能帮他走出这段心灵的低谷。

从哪里入手呢？尹老师突然想起来，小朋三年级时就开始学习围棋，在这个班里，他是唯一学过围棋的孩子，上学期他刚刚考过了围棋一段。对，就从围棋入手，让小朋在班级里办一个围棋小组。

尹老师把小朋叫到办公室，微笑地对他说："据我了解，你是咱们班唯一会下围棋的学生，而且有了级别，真了不起。最近还学围棋吗？"小朋轻声回答："最近家里有事，我没心情学了。""我都知道了。爸爸虽然不在了，但是你和妈妈还要好好生活啊，你还要像以前那样努力学习啊，这样才对得起爸爸，是不是？我非常希望你能教班里同学下围棋，通过围棋认识更多的好朋友。""可我的水平也一般啊！"小朋为难地说。"没有关系，你都是一段了，比其他同学懂得多了。再说，你也可以现学现教，与同学共同提高啊。"小朋终于点了点头。

在尹老师的鼓励下，小朋开始用心地筹划班里的围棋小组。经过尹老师的动员，班里同学学习围棋的积极性也调动起来了。小朋精心挑选了几位热心学习围棋的同学，从基础知识到基本棋局，围棋小组开展得很顺利。小朋俨然成为了一位小老师，一到中午休息时间，他的身边就围了一群同学。看到同学们从自己这里学到了围棋知识，小朋也很高兴，脸上也多了一些笑容。通过教别人下棋，也

表扬篇

69

促进了小朋的棋艺。很快，他便通过了围棋二段的考试。

尹老师又把小朋叫到办公室，说道："首先要祝贺你晋级围棋二段，你的围棋小组也办得很好，你没有辜负我对你的期望。我是你的老师，但是，我希望从今以后，你能把我当成你的父亲一样看待，有什么话，有什么困难，请千万要跟我讲。作为班主任老师，我愿意帮助你度过这段时间。我会把你当成我的孩子一样看待的。"

小朋惊讶地看着尹老师，他几乎不相信自己的耳朵。尹老师叹了口气，说："我之所以这么做，就是希望你看到，老师也会给予你父亲一般的关爱，你的世界里不会比别人缺少更多的爱。"小朋的眼泪立刻如开闸的水一般冲了出来。

从此以后，尹老师时常找小朋谈心，帮他用充实的学习生活来抚平内心的伤痕。小朋也渐渐地从父亲逝世的悲伤中走出来，决心要走好自己的人生路，不辜负老师和妈妈的期望。

【案例分析】

案例中的小朋因为父亲发病去世而对学习失去了动力，班主任尹老师从小朋的特长围棋入手，鼓励他在班里举办围棋小组。小朋没有辜负老师的期望，用心去教班里的同学学习围棋，并且提高了自己的棋艺，尹老师表扬了他的进步，并用爱的话语来鼓励他，把他当成自己的孩子来看待。爱的话语感动了小朋，使他更加努力地学习，并走出了心里的阴霾。

【案例总结】

从案例中，我们可以看出，任何的表扬都不是空洞的赞美，而是以具体的事情为出发点的。尹老师之所以表扬小朋，是因为他按照老师的要求，帮助更多同学学习围棋，并且晋级围棋二段。用爱的话语来鼓励，驱散了小朋内心的悲伤，进一步拉近了小朋和老师之间的距离，使小朋找到了可以与之谈心的老师，也是好朋友，调整了心态，没有一蹶不振，荒废学业。

☺ 点到细节——表扬有时只是一句话

恰当的表扬，往往不是长篇大论、热情赞颂，而是点到细节，恰到好处。请看下面的几组镜头：

镜头一：有些班主任或任课教师在看到孩子认真听课时会真诚地说："某某同学听课真认真！这样认真学习，知识一定会学得很好。"这时的表扬既可以使认真听课的同学享受到成功的喜悦，又使全体同学明白：上课应该认真听讲。

镜头二：听到某个同学发言声音较低，老师会鼓励他说："你听课很认真，发言也很积极，如果声音再响亮些，让同学听清楚些，那就更完美了。"这种巧妙的表扬，既可以让学生增强信心，也可以让学生看到自身的不足，从而努力改掉缺点，追求完美。

镜头三：平时看到某个作业不认真的孩子偶尔一次认真写作业了，老师会真诚地说："如果你的作业每次都写得这样认真，那该多好啊！"这样的表扬既培养了孩子的自信心，又使孩子有目标可寻。

表扬，通常以口头表扬为主，因为口头表扬方便快捷。但不能仅限于此，表扬形式还可以多样化，一个微笑、一次抚摸、一枚小小的印章、一些表扬性的符号等都可以使用。在不同的情况下，班主任或任课教师可以选择不同的表扬方式。再请看下面的几组镜头：

镜头一：课堂上当学生积极动脑，想出不同的解题方法时，班主任就可以说："嗯，你真是个爱动脑筋的孩子！"这样的口头表扬快捷而高效，及时给予学生以鼓励。

镜头二：当某个爱做小动作的孩子偶尔认真听讲时，老师就可以轻轻地走过去，抚摸一下他的头，竖起大拇指对他说："你今天听讲真认真，如果每节课都这样，你的成绩会越来越好的。"这充满爱意和温情的抚摸，这高高竖起的大拇指，会深深刻在孩子的脑中，让他们久久品味成功的喜悦，朝着老师希望的目标

表扬篇

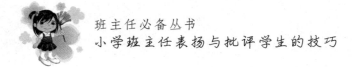
前进。

镜头三：批改作业时，对于书写工整或解题方法新颖的同学，老师会在他的本子上用印章印上大拇指，每当学生打开作业本，看到那鲜红的印章时，就能体会到认真做作业或积极动脑所带来的成功体验，从而更加努力。

可见，表扬的形式可以是多样的。一句表扬的话语、一个动情的抚摸、一个惊喜的表情、一个肯定的微笑、一枚红红的印章，带给孩子的是自尊，是自信，同时也是成功的体验。老师要善于发现学生的闪光点，毫不吝啬自己的表扬，使学生带着愉悦的情感积极投入到学习活动中去。如果说哪里有进步哪里就有表扬，那反过来哪里有表扬，哪里就有进步。

第二节　表扬要顺应学生的心理

在一般情况下，表扬鼓励学生时，语言用词要讲究感情色彩鲜明，有感染力。但表扬要想对学生产生良好的心理效应，表扬的语言方式就必须因人而异，即表扬的语言要个性化，要符合学生的心理特点和接受习惯，因为学生与学生之间的认识水平和心理素质都存在较大差异。从心理学角度讲，对不同认识水平和不同个性特点的学生，表扬的语言方式理应不同，例如，对抑郁质、胆小爱面子的学生，表扬可采用激昂或热烈的语言方式，以鼓励其大胆进取；对多血质、胆大直率或思想认识水平较高的学生，表扬可采用含蓄和委婉的语言方式，使其既受到鼓舞，又学会谦虚谨慎。可见，班主任要想使自己的表扬发挥预期的作用，就要对学生的心理特点进行全面而细致的了解，这样才会使表扬的语言一发命中。

☺ 表扬要实事求是，大力表扬应慎重

表扬，固然可以使学生如沐春风。但是学生们不管表现如何，他们对自己的表现还是有一个较为准确的自判，即他们知道自己的哪些行为是好的，哪些行为是不好的。如果班主任或任课教师对他们的不好行为进行不恰当的表扬，就会使学生认为表扬来得太容易，继而麻木，使其丧失对表扬的追求。所以，班主任对学生的表扬，既不能夸大也不能缩小，必须强调实事求是。只有对学生的优良表现进行客观而切实的表扬，才能对学生起到肯定和鼓励的作用。学生在教师实事求是的表扬下才容易产生一种踏实的满足感，从而继续努力，有利于促进自身的外部动机向内部动机转化，而那些不切实际的表扬则会使学生迷惑，对自己的行为表现产生错误的判断和结论。

请看下面的一则案例：

【案例现场】

有一名学生在上课的时候经常搞小动作，不听课，不回答问题，而这次他终于举手回答了一道问题，可是他的回答却文不对题。老师为了鼓励他的积极性，表扬他回答得很好。这名学生觉得自己真的回答对了，就扬扬得意，觉得自己虽然没有认真听讲，但是回答问题却能非常准确，于是学生自我暗示，可以继续玩耍，不认真听讲。

【案例分析】

从上面的案例中可以看出，教师不切实际的表扬不但没有激发那名不认真听讲的学生的积极性，反而给了他玩耍的理由。教师只有一分为二地表扬他（勇于发言值得表扬，没有认真思考，回答问题错误要注意），学生才能够有进步，从而使表扬起到应有的促进作用。

【案例对策】

对于案例中的同学如何表扬，教师可以好好地设计一下自己的语言。不妨这

表扬篇

样说："你的回答表达了你的想法，但是这个问题需要你更仔细地考虑一下。表扬你的积极思考，下一个问题希望还能听到你的声音。"教师对这类同学的表扬一定要实事求是，在指出其存在问题的同时，也要表扬他们的积极性，鼓励他们继续更好地表现自己。

也有些班主任认为，表扬也不一定要学生有什么就说什么，有时候也可以故作惊讶，夸大其词。持有这种观点的班主任，也在实际教学中尝试用"夸大其词"的方式，大力表扬一些平时表现不突出的学生，并取得了较好的效果。请看一位教师运用大力表扬方式所取得的成效。

【案例现场】

我现在教的一个孩子叫小博，在入学时成绩属于班级下游水平，经过一个学期的磨合，现在数学属于班级中等偏上的情况，家长很欣慰。

这个孩子刚入学时就引起我的注意，他的速度很慢，不仅做题速度慢，连拿书的速度都比其他人慢。我和家长沟通过，家长说孩子很喜欢数学，就是做作业太慢了。

我发现这个孩子虽说做事的速度慢，但回答问题的准确率很高，说明这个孩子是个力求完美的人，同时自信心不足。我结合这个特点，只要有机会就在班级大力表扬孩子的作业和书写得工整。慢慢地，我发现孩子上课时的眼神发生了变化：敢于抬头听课了，注意力更集中了，速度也更快了，成绩水到渠成地发生了质的变化。

通过这个实例，我更深有感触地发觉，孩子是鼓励出来的，要把他的自信心激发出来，一切就会事半功倍了！让我们关注每个学生，从他的内心窥探他的问题，从根本解决问题！

【案例分析】

案例中小博同学的成绩由入学时的中游水平到现在的中等偏上，发生这种可喜变化的原因，就因为教师采用了大力表扬的方式，增强了他的自信力。

大力表扬之所以能在小博身上取得良好的效果，也得益于教师的细心观察。小博的做事速度慢，但回答问题的准确率很高，这说明他是一个力求完美的人，只是自信心不足。教师结合这一特点，只要有机会就在班级大力表扬他的作业和书写得工整，使小博的听课状态发生了质的变化。

【案例对策】

对于大力表扬学生的问题，心理专家建议我们，表扬小学生，要尽量避免夸大其词、笼统空泛的评价性表扬。比如班主任或任课教师无论遇到什么事都说"你真好！""你真棒！"作为教育工作者，不要轻易给孩子的人格、能力定性；要多用就事论事的描述性表扬，即客观、准确地描述事件或者行为本身，以免孩子受到空泛、夸张的评价性表扬的困扰，从而产生不必要的焦虑和压力。这样做的同时也是为了最大限度地避免学生对表扬的依赖。

对于班主任来说，如果你的表扬能让学生心甘情愿地按照你的教育意图去做事，你就算达到了表扬的最高境界。至于是实事求是地表扬，还是夸大其词地表扬，班主任一定要根据自己班级同学的情况，灵活地把握、运用。

☺ 夸聪明不如夸勤奋

有这样一个经典的故事：

一位留学欧洲的中国学者，周末到教授家中做客。他看到了教授的小女儿，这孩子满头金发，极其可爱。按照中国人的习惯，这位中国学者说："孩子，你真是漂亮极了！"没想到的是，教授等女儿走开后，严肃地对这位中国学者说："你伤害了我的孩子，你是因为她的漂亮而夸奖她，而漂亮与她个人的努力毫无关系。孩子很小，还不能分辨是非，你这样表扬她会让她产生不劳而获的思想，以为成功靠的是天分而不是后天的努力。"

表扬篇

这个故事应该引起我们每个班主任深思：我们在表扬学生的时候，是否存在着这样的误区：当学生穿上了一件新衣服来上学时，我们习惯于对学生说，孩子，你真漂亮；当学生取得了好成绩，我们习惯于对学生说，孩子，你真聪明……

班主任的这些不正确的表扬会给学生一种错误的心理暗示：我很漂亮，谁都会喜欢我、宠着我；我很聪明，我可以不需要多大努力便会成功……如果一个孩子在成长的过程中长期受到这样的暗示，那么，无论在学习还是做事的过程中，他便会缺乏一种努力奋斗的精神。理想是美好的，现实是残酷的。如果习惯了表扬而缺乏认真踏实的态度，缺乏坚忍不拔的韧性，孩子很快就会发现，现实生活中他的聪明、漂亮顶不了多大用处，他会遇到自己的聪明、漂亮解决不了的许多问题。久而久之，遇到困难时，拥有这种信念的孩子很容易产生挫折感，因为他们不可能一直顺利地达到自己的目标。所以，在我们面对孩子的时候，请把正确的表扬给予孩子，请告诉他："孩子，你很努力，我为你骄傲！"

请看一位班主任做出反思的两则案例。

【案例现场】

在数学课上，班长小贺积极举手主动要求上台演示，全做对了，我情不自禁地说："真了不起，不愧是班长。"但是，小贺以后上课却很少举手了。后来，我问他为什么上课变得不爱发言了呢？他说，他害怕自己做错了，有愧于班长这个称号。

小帆同学是新来的，他在吃午餐时，温文尔雅的样子真逗人喜爱，老师情不自禁地说道："真不错，像个小绅士。"但过了不多久，有同学反映，小帆动手打人。我一调查才知道，原来小帆想多打第二遍菜，结果我刚说过他像小绅士，让他很苦恼，于是就和站在他前面的同学发生了矛盾，打了起来。

我回顾这件事时，发现是我赞赏他们的语言在作怪。"不愧是班长""小绅士"这种美称使受表扬的学生感到有压力，这种表扬给学生带来的不是快乐和欢愉，而是恐惧与不安。受表扬的学生在无意识地抵制这种赞美，其他同学可能也会因无法通过自身的努力来超越这些学生的优点，而心生嫉妒，甚至是排斥这些受表扬的学生。这些学生更需要的是老师肯定他们为做这件事所付出的努力。

【案例对策】

那么该如何表扬案例中班长小贺和小帆呢？班主任老师不妨对班长小贺说："你计算得真仔细。"对小帆说："你今天吃得真不错。"学生就会觉得是自己的努力得到了赞扬，以后，当学生遇到困难时他们会想方设法解决困难。这将使他们保持热情，增强自信。

可见，班主任对学生的表扬要着眼于他们的行为表现，而不应过多强调他们的气质禀赋。夸聪明不如夸勤奋，如果教师对学生的每一个进步都用"聪明"来定义，结果只能是让学生觉得好成绩是与聪明画等号的，一方面会变得"自负"而非"自信"，另一方面再次面对挑战时就会选择回避，因为他们不想出现与自己"聪明"不相符的结果。有关研究发现，赞美学生付出的努力较赞美学生的智能或表现，更能有效地提高他们面对挫折的能力。

☺ 夸人格不如夸事实

班主任或任课教师经常会表扬某一位同学是"好学生"。其实，"好学生"这样的话是典型的"夸人格"，如果学生总被扣上这样一顶大帽子，对他来说反而是一种精神负担。如果教师的称赞总是这样"言过其实"，学生就会更有压力。

教师在表扬学生的时候，要尽可能避免个人取向和结果取向的表扬，即不要经常夸奖学生"你是好学生""你是优秀的学生"等，而要采取过程取

表扬篇

77

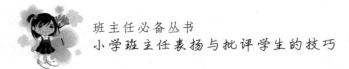

向的表扬方式,如当学生出色地完成任务的时候,可以说:"你做得非常好,你还能想出更好的方法吗?""我很为你这一次的表现高兴,希望你以后会做得更出色。"表扬要就事论事,对事不对人,只要是真实正确的就应表扬,不管受表扬者原来的情况如何。对正确的表现,要给予热情的鼓励,在班上真正树立正面的形象,使舆论有力,正气抬头,切忌轻描淡写,不痛不痒。

在表扬一个同学时,班主任要注意在充分肯定成绩时,让受表扬的人知道取得成绩固然是不错的,但还应该向新的目标、新的高度前进。引导学生从班级的范围扩展到全校的范围,在班级里成为一名表现优秀的学生之后,进而成为全校范围内值得大家学习的榜样。

总之,班主任在实施表扬时就应注意学生身心和个性发展特点,在严格要求的基础上有分寸地进行表扬,从而使表扬收到应有的效果。

第三节 表扬的语言要有创新

表扬的语言需要班主任和任课教师好好地设计。有些看似很有个性化、符合学生心理的表扬语言,从教师的初次使用到被学生逐渐熟悉,已经失去了语言的新鲜感,这就好比一块甜美的糕点在嘴里被嚼过很多次后,已经失去了原来的味道。为了让表扬的语言保持活力,使学生爱听、愿听,班主任要有创新意识,不断充实、更新自己的教学语言体系。

☺ 有新意的表扬才更有动力

对于班主任和任课教师来说,虽然对自己的教育语言体系进行更新并不是一件很容易的事情,但是毫无疑问的是,有新意的表扬对学生来说更有动力。请看下面一位老师的反思：

"一切为了每一位学生的发展"，新课程的核心理念引领着老师们的教学行为。老师们特别珍视孩子随时闪现的智能火花，用多种方式对孩子的言行进行鼓励，新的教学理念似乎在提示老师：不要吝啬我们的表扬！然而，一个阶段后，有些班主任就会发现孩子们对于老师的表扬由最初的开心变得无动于衷了，对老师的"好"、"很好"、"不错"已经不在乎了，孩子们的积极状态消失了，刚萌发的自信心也稍纵即逝——难道是表扬出了错？

其实，当课堂上"好"、"很好"、"你真棒"、"你真聪明"这些简单而又笼统的表扬方式变成了一种"表扬公式"，习惯地作用于孩子的大脑时，孩子们对于只停留在形式上、口头上的表扬就会显得不在乎，也就提不起精神。学生随之出现的反应将不再是满足，而是感到迷糊，久而久之，不仅不能产生积极的学习兴致，反而使学生的学习态度变成了浅尝辄止和随意应付！那么，怎样的表扬才是恰当的，才能更好地给学生以鼓励呢？经过实践与总结，我发现，要持续上好每一节课，让课堂保持长久的和谐，我们必须要"吝啬"地收起一些我们的表扬，给学生一些恰当而具有激励性的表扬。

上面的反思说的是教师对学生在上课时的表现要"吝啬"表扬。同样道理，班主任在学生的班级活动中的表现也要"吝啬"表扬，其目的就是减少一些简单而又笼统的表扬方式，使表扬的语言更有新意。班主任要慎用自己的表扬语言，应注意以下问题。

1. 收起无节制的表扬

表扬如雨露，适时适度的表扬能滋润干渴的心灵，唤醒落寞的情感，但若倾泻而下，必然泛滥成灾。在班级管理中，班主任脱口而出、滔滔不绝的表扬会让学生觉得表扬易得，虽然开始能给学生带来正面的情绪，但久而久之，学生对于表扬的反应必然变得习惯或麻木，当表扬变得庸俗而廉价，

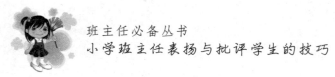

还会有多少学生在意呢？相反，如果班主任珍视表扬，让表扬能正确地给予每一个经过努力取得优秀表现或成绩的学生，那么，受表扬的学生就会有一种强烈的成就感和荣耀感，表扬对于他们的价值将大大提升，表扬所带来的积极效应也将更强大更持久。

不少人认为，表扬可以增强孩子的自信心，激励他们取得成就。但是如果"有功必奖"，学生有了一点点小成绩，都对他说"你最棒"的话，就往往会对孩子的成长产生很多负面作用，不利于孩子健康人格的形成。

请看下面的一则案例。

【案例现场】

一次，一名学生跑过来告诉我他捡到了一支钢笔，我问："是在哪里捡到的？"他说是在自己座位旁边。我说："你有没有问是周围哪个同学丢的？"他愣了一下，说忘了，以为交给老师能得到老师的表扬。当时我哭笑不得，这就是他同桌的钢笔，绕了这么大一个圈子。

【案例小结】

案例中的班主任就做得不错，他没有因为学生捡到一支钢笔就妄加表扬，使自己的表扬有节制，并引导学生发现问题的解决方法，提高学生的办事能力。

孩子获得成功时，表扬、鼓励的出发点是好的，但是一旦表扬过多、过分的话，孩子就会曲解了学习的目标，无论孩子做什么事情，他都是冲着表扬去的。一旦停止了表扬，孩子便会无所适从。如果没有得到赞美，他们可能会停止努力和付出。更为严重的是，在这样环境中的孩子，听不进一句批评的话，一旦孩子遇到了什么挫折，便会表现出冲动易怒、极不冷静的性格特点。所以，从这个角度来说，节制表扬也是非常必要的。

2.收起简单无用的表扬

缺乏针对性的简单赞扬会导致孩子浅尝辄止、思考不深入。学生感觉处理得很好的地方得不到肯定，而自己感觉不知如何处理或处理得不好的地方得不到指导和纠正，学生的做事能力就得不到更好的提高。还有诸如"你真棒"、"你真好"这类表扬，棒在哪儿？好在哪儿？班主任也应具体指出，并指出可以提升的地方。没有具体内容的表扬不要也罢。

此外，如果一个孩子长期生活在"你是最棒的"这样的表扬环境中，孩子就会潜移默化地形成自己与别人不同，自己高人一等的心理。而这样的孩子，在现实生活中是极其不受欢迎的。

3. 给学生以明确方向的表扬

我们每一位老师都清楚，自己之所以表扬学生，为的是让他们下一次继续他们良好的行为，也希望其他人学习这一行为，而不只是让他们得到一时的心情愉悦，因此，我们的表扬要让孩子找到努力的方向。比如，在元旦联欢会上，十几名女生自编自排自演了一个舞蹈节目，在总结中，我首先指出她们的舞姿很活泼，很符合音乐的节拍，节奏感较强，并鼓励她们继续编排这支舞蹈，增加一些难度较高的动作和队形的变换次数，争取在毕业联欢会上继续演出。这样的表扬让她们真的清楚了什么样的行为是别人认同的，并看到了自己努力提升的方向和空间。

4. 给学生以真诚的表扬

现在许多教师都明白表扬对学生健康成长的重要作用，但并不是每个老师都能真诚地看待学生的良好表现，表扬的语言让学生感觉到不真诚，甚至是一种责备。这样的表扬话语就不可能达到应有的教育效果。

请看下面的两则案例。

【案例现场】

一天，三年级某班正在上一节数学公开课。课堂练习时，老师请几位同学在黑板上做题，同学们纷纷举手，热情很高，老师就点了几位同学。之后讲评时，

表扬篇

81

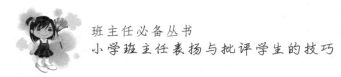
老师特别指着其中一道题问同学们:"这道题是谁做的?""是王浩做的。"一些同学答道。接着,老师把目光投向王浩,对全班同学说:"王浩同学平日作业经常出错,今天就做得不错,还要努力!"原来,老师是要表扬王浩,但这种表扬显得苍白无力,甚至有点儿变味了。原因就在于表扬前加了"平日作业经常出错"。这分明是在揭丑,让人很不舒服。老师假如这样说:"王浩同学,今天做得特别好,从书写到算题的准确率都有很大进步,我真替你高兴!"并投以热情的鼓励的目光,那学生又该是一种怎样的心情呢?

还有一节语文公开课,老师请一位同学讲讲某个自然段说了一件什么事,这位同学一时说不出,经老师让另一位同学帮忙后,这位同学还算顺利地说出来了。但老师却沉着脸,冷冰冰地说:"这么简单的问题还要人帮忙,以后学习一定要用心!"这位同学灰溜溜地坐下。本来这位同学经过同学的帮助讲明了这个自然段所说的事情,应表扬才是,但老师还是不忘教训一下。倘若教师高兴地说:"你接受能力很强!只要用心,学习难不倒你!"这样,学生的感受会大不一样,效果也可能会好得多。

【案例小结】

第一则案例告诉我们:教师的表扬语言要真诚,使学生真正从表扬中得到心理上的满足,收获进步的喜悦;第二则案例启示我们:教师要对学生的良好表现给予积极的鼓励,用明确方向性的表扬,使学生看到前进的方向。

☺互动式的表扬,形成监督氛围

互动式的表扬,是指师生共同对某一名或几名同学进行表扬,给予学生鼓励性的评价。互动式的表扬,可以使班主任、任课教师、学生形成一个积极互动的评价氛围,避免出现班主任一人在进行表扬时言语缺少新意的状况。从效果来看,这种表扬可以使受表扬的学生既能得到更广泛的认可,又能得到多方面的建议与监督，对他们的发展无疑是更为有利的。

请看下面的一则案例。

【案例现场】

在一次班会上，对新上任一周的班干部进行评议。有些班干部在这学期是连任的，很有工作经验，也受到了同学们的一致好评。评议的重点是这学期新当选的班干部，他们的干劲足，但具体的工作方法却相对欠缺一些，在这一星期的工作中，也暴露了不少的问题。

在同学们评议之前，班主任老师首先讲了一个故事：有位画家，他把他心目中认为最美的一个女人画了出来，他赋予她最美的五官，最美的脸蛋，他认为这个美人是无可挑剔的。他把这幅画放到大街上，并在旁边写了：请你把你认为最不好的地方圈出来。他原以为没人可以找出来，没想到晚上拿回来的时候发现画上都是圈圈，他非常沮丧，失落。后来有位老者告诉他，你可以换个方式，把画放到街上，并且写上：请把你认为最美的地方画圈圈。结果，那天晚上，拿回来的时候，整幅画也是画满圈圈。班主任借助这个故事告诉大家，要多找一下班干部的优点，给他们以鼓励，同时也要找出他们存在的问题，给他们建议，而不是只找优点或缺点。

班长小繁上学期就担任了班长，她的表现一直很优秀，同学们对她的工作表现都很满意。

紧接着是三名体委上场了，他们首先对他们自己在这一星期里的表现进行了总结，并说出各自存在的问题。三名体委中的小辛和小范是这个学期新当选的，他们平时在班级里表现很活泼，但有时纪律性较差。在这一个星期的工作表现中，他们的一些问题依然存在。

听完他们的发言后，很多同学都举手想发言。班主任微笑地环视了一下教室，然后让一名举手的同学发言："我觉得他们三个说得很全面，不但说出了这一

表扬篇

星期里的工作情况，而且他们把自身存在的问题也说了出来。虽然他们还存在着一些问题，但我相信他们既然敢于说出来，就表明他们已经认识到了这些问题。我也相信他们在以后的工作中问题会越来越少。"随后，班主任又找了另一名同学发言，他具体说了一个细节：以前，小辛和小范在大课间时经常在教室里逗留，不好好站队，这一个星期，他们不但很快地到教室外面整队，而且很负责地提醒教室里的其他同学加快速度，到外面站队。可见，他们进步很大。

还有几位同学也陆续发言，他们都发现小辛和小范在这一个星期里确实改变很多，上课的纪律好了，下课管纪律也很积极。同学们都给了他们俩积极性的评价，表扬他们有进步。

班主任很高兴同学们明白了他的用意，没有把评议会开成批评会。最后，班主任结合同学们的发言，对小辛和小范在这一星期里的表现给予了充分的肯定，鼓励他们在以后的工作中继续努力，纠正自身存在的问题，取得更多的进步。

【案例小结】

在上面的案例中，班主任引导大家对新上任的班干部进行积极性的评价，并讲了一个故事作为引导。正是因为班主任的正确引导，才使班上的很多同学发现了新上任体委在这一周时间里的改变，并给予他们积极的表扬。尽管体委还有很多的问题需要改正，但是有了班主任和同学们互动式的表扬，他们改正问题的决心会更加坚定，同时也感受到了班主任和全班同学对他们的监督与期望。

第四节　有目的的表扬要达到预期的效果

　　班主任对学生进行表扬，要有预期的教育目的。表扬的话绝不能随口一说，而不去思考它的教育效果。成功的表扬应达到预期的效果，转化为教育的力量。

☺树立榜样，让学生尝到成功滋味

　　表扬的目标之一，就是在班级里树立榜样，让学生有可以追赶的目标，也让受表扬的学生尝到成功的滋味。著名的特级教师王兰说："不是聪明的孩子常受表扬，而是表扬会使孩子更聪明。"运用好表扬的艺术，在班集体中为同学们树立一个个鲜活的榜样，有着巨大的启迪作用。作为班主任和任课教师，在运用表扬、树立榜样时，也要注意以下几个问题：

　　1. 充分发挥表扬的先导作用。榜样是班集体中同学们学习、赶超的对象，这就决定了表扬所必须具有的先导性。教师在学生的学习生活中要做善于从多角度透视的有心人，务必练就一双善于发现的眼睛。教师只有充分发挥表扬的先导性作用，同学们才学有目标，赶有方向。

　　2. 表扬的准确性要强。由于认识的偏差，有些教师所树的"榜样"值得推敲。如我们经常听到这样的表扬：某同学高烧不退，仍然坚持到校上课。这里教师所表扬的，是不是值得广大同学效仿？教师应积极劝说学生先去医院治疗，因为高烧对学生的身体和学习都是不利的。因此，教师的表扬准确性要强，所树的"榜样"要的确是积极意义上的榜样，以防对学生产生误导。

　　3. 灵活运用含蓄的表扬。表扬在很多场合应该大张旗鼓，才可以发挥

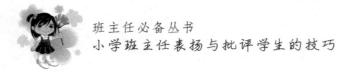
出表扬的功效；但有些时候，注重表扬的含蓄性不失为一种积极的策略。比如，教师要求的某种事，班上大部分同学都做得很好，只有少部分做得较差时，我的选择是请做得好的人站立一下。这样做，对受表扬的人来说，一切尽在不言中；让做得差的人"心有所动"，而又不过分难堪。

4. 认清表扬的层面性。表扬的"多层性"，是从一个角度反映表扬对象从较好走向更好、很好的成长历程；表扬的"多面性"，是从多个角度反映表扬对象的闪光点。苏联教育家苏霍姆林斯基在谈起教育技巧时说："教育者与自己对象的每次接触，归根到底是为了激励对方的内心活动。"在班集体生活中，教师要特别注意运用好表扬的多层性、多面性的特点，让榜样的形象变得丰满，使每一次表扬都有效地"激励"每一个学生的"内心活动"，充分发挥表扬的强大功效。

☺ 激发兴趣和欲望，淡化懒惰之心

懒惰是一种心理上的厌倦情绪。有懒惰习惯的学生不善交际、性格孤僻、好逸恶劳、不思进取、行动懒散、做事犹豫不决、没有责任心、缺少时间观念。他们总是寄希望于明日，幻想美好的未来，但不付诸努力，而是得过且过、日复一日。懒惰是现代社会很多独生子女多多少少都有的弊病，一个人偶尔的懒惰可能是因为身体不舒服、过于疲劳或其他原因，是可以理解的，但长期、过分的懒惰是不容忽视的，它会阻碍孩子心灵的健康成长。

懒散的心理与行为不仅不利于学生的成长与发展，更是他们学习的天敌，成功路上的绊脚石。因此，对于懒散的学生，班主任要激起他们达到目标的欲望和对学习的极大兴趣，让他们摒弃懒惰的包袱，朝着预定目标迈开勤快的脚步。

面对学生的不用功学习，作为班主任，要做的不是生学生的气，也不是

把学生揪过来数落一顿，而应该想办法表扬他们，让他们自觉地去学习。同时，表扬学生用功学习还应注意以下一些技巧。

1. 创造一个用功学习的环境

如果一个学生在用功学习，而其他学生都不用功的话，前者往往被后者拉拢过去，不会再认真地对待自己的学习；反之，如果绝大多数学生都在用功学习，而只有一个学生在玩的话，后者通常会有自惭形秽之感，从而努力控制自己的玩闹之心，认真地学习起来。

因此，为了让不用功学习的学生变得用功起来，班主任可以努力营造一个大多数学生都用功学习的环境。这样，即便是班上最不用功的学生也会对自己说"他们都在用功学习，我为什么就不能像他们一样呢"之类的话，激励自己用功学习。

2. 激将法

学生学习成绩不好，情绪低落，一些学生家长往往会安慰孩子说"你已经尽力了"或者"没关系，下次努力"之类的话。学生也通常会因为父母对自己的理解与信任而昂起头来，奋起直追，更用功地学习。然而，也有的学生会因为家长的安慰而产生懈怠心理，从而影响他们再度奋起。

像后面这类学生，班主任就应该运用人的反抗心理，用激将法激励他们努力学习。日本著名的小提琴家兼小提琴教师铃木镇一先生，就经常在教学中用这种方法刺激学生。当学生不太想练琴或者学习进度迟滞时，铃木便会说"这首曲子，对你可能有些难"或者"你大概不喜欢小提琴吧"这类的话来刺激学生，从而巧妙地激发学生自愿自觉地用功练琴的劲头。

3. 在激发兴趣和锻炼意志上做文章

"学习还不容易，不就是读书、上课么？用功学习，不就是好好学习么？"提及学习这个问题，很多人都会想当然地得出如此简单的结论。殊不

表扬篇

知,结论越简单,距离正确的认知有可能就越遥远,越缺乏指导意义。

学生的课业学习是人类学习的一种特殊形式,是在教师的组织指导下,有目的、有计划、有组织地进行的。从心理学的角度说,学习是一种认知行为,它特别需要集中注意力。而对于学生来说,集中注意力需要兴趣与意志力的支撑,还需要基本的对知识的理解、组织、贮存及回忆等多方面的学习能力。这其中任何一个环节出了问题,都可能导致他们逃避性地不用功学习。

对此,班主任可以借助培养学生的兴趣与意志,表扬他们,让他们更认真地对待学习。

4. 在培养学习自主性上下功夫

学生学习用功与否,不是教师和家长逼出来的,而是学生凭借自主性做出来的。国外的教师教育学生时很注意"目标意识"的训练。教师不是简单地告诉学生"你必须做什么",而是把某种行为可能带来的结果先告诉学生,让学生自己去选择。比如,在英国的学校,学生不会被要求在固定的时间听课,而是在任何时候都可以决定自己做什么。不过教师也在此基础上会充分地引导他们。在这种教育方式下,学生并没有"放任自流",而是形成了很好的独立自主意识。教育专家认为,与英国学生相比,中国学生缺乏这种形式的教育。他们表现得过于依赖教师和家长,缺乏学习的自主性。而这种状态如果持续下去,即使他们到了初中、高中,甚至大学,也会有很大的隐患。

当学生不用功学习时,班主任可以借此机会培养学生的自主性,用自主性引导学生好好学习。有了正确的目标导向,加上对学习兴趣的培养,学生自然容易产生学习的兴趣,进而从不用功转向用功。

5. 正确运用教育评价,促使学生努力学习

学生之间必然存在着差异。作为教师,应该承认学生的这种差异,而不能用同一标准来衡量所有学生。在评价学生的学习态度、学习情趣和学习习

惯时，教师尤其要注意对学习有困难、注意力不集中的学生运用正确的教育评价，使他们把心思放在学习上，成为一个用功学习的好学生。比如，上课学生注意力不集中时，教师可以说："同学们，上课了！我们班的某某同学最近上课听得最认真，坐得也最端正。我们要向他学习。"一个简单的口头表扬，既维持了课堂纪律，又鼓励了大家从上课一开始就认真听讲。

在表扬学生时，班主任要注意表扬时要真诚，要找出学生的具体闪光点；批评指正时，要注意不伤害学生的自尊心和自信心。

学生学习不用功的原因很多，但是，无论如何，班主任都不能采用强制性的方法去逼迫他们学习。相反，班主任应该采用柔性措施，让学生进行自我赏识，自我促进，真正成为学习的主人。

☺ 转移注意力, 克服嫉妒之心

嫉妒是与别人比较时产生的一种狭隘的、自私的心理现象，是一种极想排除或破坏别人的优越地位的心理倾向。其实，每个人都会有一定的嫉妒心理，学生自然也不会例外。通常，学生的嫉妒心理主要表现为：不愿意承认自己与别人的差距，更不能正视别人的优点和长处，往往拿自己的长处与别人的短处相比；自视清高，骄纵任性，目空一切，很少甚至不会自我反省；不愿意承认自己的失败，看到别人的成功比看到自己失败还要痛苦；经常为取得老师们的信任而打击、毁谤他人……

学生之间在成绩与能力等各方面都存在或大或小的差异。有差异，就难免会存在嫉妒。学生的嫉妒心理，就是源于他把自己的心思与视线紧紧地盯在了别人比自己强的地方。如果能把心思和视线稍微挪开一点儿，就不会被嫉妒心折磨得神经紧张，甚至是抓狂了。

当学生因嫉妒心理做出一些不可思议的事情时，班主任不妨先打探一下

他的目标与理想,然后以此入手,教育学生不要为了眼前的名利得失,而放弃自己长远的梦想。如果班主任能将嫉妒者的注意力转移到他们追求的目标与理想上,或是其他更感兴趣的事情上,让他们在自己擅长的方面展示自己的魅力,他们就会在新的追求中找到自己的位置,不以自身之短与他人之长相比,也不再因别人比自己强而耿耿于怀了。

在实现目标与理想的过程中,也有不少学生会做出一些不利于实现目标与理想的事情。比如,有些学生因为嫉妒别人,把精力放在生闷气、暗中伤害其他学生上。当学生出现这种情况的时候,班主任不妨借助目标与理想的吸引力,升华一下学生的嫉妒心理,使之转化为一种正确的竞争意识,或者一种自我促进力量。

此外,为了避免学生产生嫉妒心理,班主任在表扬时需要慎用"最"、"太"等字眼。因为这样的表扬往往会滋长孩子过分自我、排斥他人的心理。请看下面的一则案例。

【案例现场】

班上一名女学生,从小练字,钢笔字写得特别漂亮,当然得到了周围很多人的表扬,其中少不了"你的字写得太好了"、"你是最棒的"这样的话语。一天,班上另外一名学生得到了老师的表扬。课后,她把眼睛一斜,轻蔑地说:"哼,哪有我写得好!有什么了不起的。"说着,在同学的作业本上用笔狠狠地戳了个洞。

【案例分析】

类似上述案例的事情比比皆是。一个被过多表扬过分表扬的孩子,哪怕是一些微不足道的小事,取得了芝麻大点的成绩,教师没有及时表扬,或表扬得不到位,他就会非常不高兴,情绪一下子从山峰跌落到谷底,甚至表现出极不理智的行为。所以,为了防止孩子因别人得到表扬而产生嫉妒的情绪,班主任在平时的表扬用语中也要加以注意,慎用一些刺激孩子滋生嫉妒心理的词语。

【案例对策】

对于上述案例中出现的问题，班主任除了让那名女学生向另外一名学生道歉外，还要引导那名女学生认识到自己的问题所在，指导她不要停留在班级的范围内，应该把自己的钢笔字放到一个更广阔的范围去显示、去评价，使其自身有新的追求目标和努力方向，不至于把精力放在看谁又得到老师的表扬上，而产生嫉妒心。

☺ 克服表扬后出现的一些不良现象

表扬失当，要及时加以补救。一般来说，表扬之后，不应该出现副作用。但有时，被表扬者骄傲自满，未被表扬者不服或不满，学生之间出现互相嫉妒、不团结等情况。出现这种现象，有时是因为表扬失当，有时则是学生的认识问题，有时二者兼而有之。无论哪种情况，都要及时做好善后工作，加以补救。班主任应注意以下几种现象：

1. 表扬有时会使学生产生骄傲自满的心理。这种现象较常见，特别是一些心理素质较弱的学生，在受表扬之后往往会放纵自身的行为，有时班主任会说这类学生是"经不起表扬"。针对有的学生受到表扬后容易产生骄傲自满的心理，班主任在表扬学生后，要注意引导，提出更高的要求，促其不断进步。

2. 表扬很可能引起学生的焦虑和紧张。这种现象的发生，一般是由于表扬的内容只是事情的表面现象，而实质情况并不值得表扬。但是班主任不易察觉出学生内心的焦虑和紧张。

请看下面的一则案例。

【案例现场】

小强拾到同班同学遗失的10元钱，他交给了老师。老师连忙表扬道："小强，

表扬篇

你真是个诚实的孩子,拾金不昧真棒!"小强听到这句话后突然觉得浑身不自在,因为他刚才还在想把这10元钱据为己有。此时老师的赞美让他陷入了恐慌,他内心焦虑起来:"如果教师知道我刚才的想法,就不会再为我骄傲了,他肯定会为我感到羞耻的。"

【案例对策】

在小学生的心中,想把拾到的钱据为己有,后来又交公的事并不少见。班主任无法得知孩子在交公之前的想法,看到孩子交公就加以表扬,这样会使学生产生焦虑和紧张的心理。为了克服这种现象,班主任要做好表扬前的调查工作,同时也要善于察言观色,看到孩子的异样表情,要进一步表扬,提出希望,可以说:"希望你继续拾金不昧,做一个诚实的人。"

3. 表扬常常被孩子看作是一种压力。有时,过分的表扬不仅不会令学生愉快,反而让学生觉得不舒服,甚至产生恐惧。它让孩子备受压力,引发了孩子的自卫和逃避。有时,孩子们害怕这种过分表扬的目的是为了改变他们,很多有个性的孩子讨厌班主任在表扬之中加以过高的要求。

【案例现场】

在中午休息的时间,学生们正在篮球场上玩篮球,小李一下就投中了一个空心三分球。这一幕正巧被班主任张老师看到了。张老师见状立即说道:"真是了不起!你真准,真是个神投手!"这时,小李却走开不再玩篮球了。其实在老师表扬之后,小李心中便想:"我可不是个神投手,我只不过是碰巧投中罢了,如果我再投的话说不定连网都沾不上,还是趁早退出吧。"

【案例对策】

对于把表扬看成压力的学生,班主任或任课教师要注意自己的表扬语言实事求是,恰当合理,不要夸大其词,超出学生的能力水平,给学生造成不必要的心理负担。

4. 表扬可能会对不被表扬的学生形成伤害。当因某事，一名同学没有得到老师的表扬，而他身边的同学却得到了表扬，这对于没得到表扬的同学来说，是一种伤害。要克服这一现象，班主任就要注意考虑不被表扬同学的心理，对被表扬的同学不过分赞扬，对不被表扬的同学也不要加以变相的刺激，甚至是埋怨。

其实，表扬包括两个部分：我们对学生说什么，学生对他自己说什么。在教学中，教师应当对学生表达对他的努力、友爱、成就的赞赏，然后由学生本人做出判断。教师把学生值得赞扬的事连同自己的感受一起真切地表达出来，学生就会对自己形成积极的印象。

在教学中，班主任一定要注意表扬的这些细节：少一些评价式的表扬，多一点赞赏的表扬；少判断孩子的性格和品行，多描述孩子的努力和成就。描述而不做评价，叙述而不做判断，让孩子真正获得被表扬和赞赏的喜悦吧。

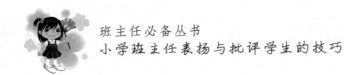
批评篇

第五章　拨云见日
——批评的必要性和准备

第一节　好的批评是为了好的教育

赞赏是强调接受孩子的行为, 使他朝着同一方向前进, 那么批评就是制止孩子的行为, 改变他的错误行为和不良思想方向。如果学生犯了错误, 而班主任也看到了这种错误的行为, 并且预见到这种错误行为会带来的严重后果, 班主任就应该及时对学生进行批评, 并且制止这种错误行为, 这样小学生才能了解到自己做错了事情, 才能主动地去改正错误。

☹ 小学教育需要批评

批评正如同表扬一样, 也是小学教育不可或缺的一种教育形式。

批评是为了唤起学生对自己的表现行为中存在问题的警觉, 限制和制止学生的不良或错误行为并使之及时纠正, 从而向着正确方向前进, 并不是让学生难堪，更不应讽刺、挖苦。如果不注意批评的方式而伤害到学生的自尊，一旦让学生有这种感觉：老师的批评不是为我好，而是挖苦我，那么班主任和任课教师的思想工作便会适得其反，学生们便会一问三不答，或者表面答应要改正缺点，但心里是不服的，这些口"服"心不服的学生，常会在暗地里给班级管理带来一些意想不到的问题。所以，作为班主任要牢记批评的目的是为了更好地教育学生，面对任何事情，教师都不要有任何不利于教育学生的偏激言语和举动。

学生在成长过程中，犯错是必然的，也是必不可少的，关键是学生做错了以后，班主任和任课教师要及时指出错误，帮助学生改正错误。班主任千万不能在学生犯错后姑息纵容，这样只会怂恿学生继续出现类似的错误，甚至犯更大的错误。教育家徐特立曾经说过："今日的儿童转眼即成青年，稍不注意就难补救了。"有些父母过于宠爱自己的孩子，对孩子所犯的错误往往会听之任之，姑息迁就。作为教育者，班主任要以育人为己任，真诚施教，对孩子的未来负责，要让孩子懂得什么是对，什么是错，什么该做，什么不该做，只有有错必改，学生才能不断进步。

作为班主任，任何时候都不要忽视学生身上出现的小的错误。刘备在《诫子书》中留下了一句千古名言："勿以恶小而为之，勿以善小而不为。"这要求我们不要以为是小的坏事就可以去做，也不要认为是小的好事就可以不去做，这也正是防微杜渐的精髓，充分说明教育孩子要注意从微小的事情做起。康熙在庭训格言中，也有关于"防微杜渐"的强调："凡理大小事务，皆当一体留心。古人所谓防微杜渐者，以事虽小而不防之，则必渐大；渐而不止，必至于不可杜也。"所以，从这一层面来说，批评教育的目的也是为了防微杜渐，是为了及时纠正孩子身上出现的微小的错误和问题，能起到立竿见影、深刻警醒的效果。

批评篇

对于小学生的教育而言，批评至少可以起到以下几方面的作用：

1. 批评可以使学生懂规矩、辨是非。

要想让学生知道什么是可以做的，什么是不能做的，除了说教、示范等方式以外，批评和惩罚也是一种很好的途径。批评和惩罚可以让学生更加主动地了解行为界限，明确是非观念及权利和义务的关系。

2. 批评有促进改过和激励的作用。

如果小学生不能或不愿正视批评，那么他就难以在正确的道路上大步地前进。批评可以使犯了错误的孩子觉醒，能使孩子知耻，能够激励他们奋发向上。

3. 批评有教育和警戒作用。

批评可以起到一般教育方法所不能达到的效果。严厉的批评甚至惩罚能让孩子的心灵产生痛觉，这种痛会使孩子刻骨铭心，使他不敢再去犯同样的错误。通过批评和惩罚，还可以促使孩子对类似的错误起到警戒作用。

4. 批评有助于维护学校和班级制度。

俗话说"国有国法，家有家规"。学校中也会存在必要的制度，批评甚至惩罚作为一种管理手段是维护制度的有效工具。如果孩子能够在学校接受并自觉维护学校的制度、班规班纪，那么他们在长大后，就能够离开家庭并融入需要遵从制度更加严格的更广阔的外面世界中去。如果社会的制度都能得到遵从，那么社会就能更好地运作并且保护每个人的财产和权利。

担任小学班主任的教师现在都有这样的感觉，如今班级管理工作面临的困难越来越大了，尤其对学生的思想工作越来越感到心有余而力不足。究其原因，主要是随着社会的发展和网络的进一步普及，学生的眼界越来越宽，接触的社会越来越丰富多彩，而由于学生的心理和思想还不够成熟，自身调节、辨别能力和自身控制能力相对较差，表现出的兴趣广泛而不稳定，富于幻想而不够客观，追求时尚而良莠不分，很容易"追求"上一些不良习惯和风气，并将之带入校园，若不及时发现和制止则很快就会"传染"给别的同学，后果不堪设想。因此，及时发现学生的缺点与不足并予以制止及帮助其改正，便成为班主任思想工作的一个必不可少的环节。

但对于学生的各种过错，教师将采取什么样的策略和方法让其及时纠正呢？记得心理学家史京纳曾做过一个著名的实验，结果发现：在学习方面，有良好行为得到奖励的动物比有不良行为就受到处罚的动物学得快得多，而且也更能记住所学的，人类也有着同样的情形。所以我们班主任在做学生思想工作时，在激励学生进步时一般应采用多鼓励少埋怨、多赏识少批评的方法，因此用赞扬便能取得的效果最好不用批评。但谁都知道，世上还没有哪一种良药能治百病，教育也一样，只有赞赏、激励和表扬不能解决所有问题，有时也少不了鞭策和批评。因为，要真正地帮助一个人是离不开批评的，但批评又常易伤到学生的自尊，引起反感。因此，在明确批评是小学教育中不可缺少的部分之后，如何把握好批评的分寸，采取什么样的批评方式才能让学生乐意接受，才能达到我们希望的教育效果，便成为班主任必须思考和迫切需要解决的问题。

此外，还应注意的是，对小学生的态度不能因班主任本人的心情变化而改变。孩子做了错事，无论班主任的心情如何都要及时批评纠正，不能因自己高兴就不闻不问，因自己情绪不佳就滥加批评，把学生当成发泄的对象。这样，会使孩子养成看他人脸色行事的坏习惯。

☹ 把握原则，掌握方法，树立正确的"批评观"

班主任要想使批评达到预期的教育效果，就应该注意把握好批评的原则。

1. 批评的内容要就事论事。

"就事论事"包含两层意思，一是论事而不论人，二是就一件事论一件

97

事。也就是说，在学生犯错误时，我们是批评他这种错误的行为而不是批评学生这个人，只有这样，才能避免伤害学生的自尊。批评人只能引起学生的抵触，学生也不明白为什么会被批评，不知道要改进什么；批评他的错误行为却会使学生明白为什么会被批评，需要改进什么，而且又不伤害学生的自尊，这才是批评的目的。

在批评时要做到就一事论一事、就一个问题谈一个问题，不要把以前和这次没有关系的错事拿到一起来讲，不能"你以前又怎么怎么样了"，更不能"你怎么搞的？旧病未治新病又来"，否则会让学生误认为你揭老底算老账，不是为了让人改正，而是为了让人难堪。因为，把过去的错误翻出来并且唠唠叨叨地讲个没完，对教师来说完全是愚蠢和无效的。每个学生都有一些应该忘掉和埋藏的过去的事情，我们从中去翻出些错误和过失来，这决不会帮助学生做得更好，只会让学生觉得你喜欢用老眼光看人，这样不但不会取得好的教育效果，更可能产生完全相反的结果。

2. 批评的双方要地位平等。

在批评学生时，老师决不能轻易说出这样的话："现在我以班主任身份和你说话。"这种居高临下的姿态是不会收到任何效果的。这里的平等还有另外一层意思，往往有很多老师，在学生犯错的时候，不管老师讲得有道理还是没道理，讲得符合实际情况还是与实际情况大相径庭，很少给学生申辩的余地："你不要插嘴，犯了错误你还想辩护吗？"让学生有话难说、有理难辩、有苦难言。其实，允许学生对自己的不良行为有一个看法和说法，也允许他们对自己的所作所为有申辩的机会，这是师生平等的一个最起码、最根本要求。师生之间只有做到互相尊重，坦诚相待，才能以心换心。

3. 批评的方式要以理服人。

我们经常说到，对同学的批评教育要"晓之以理、动之以情"。学生犯错误是很正常的，人非圣贤孰能无过，更何况是正在成长和发展中的学生呢？教师必须牢记，小学时期正是学生世界观、人生观、价值观形成的阶段，是培养优良品质和良好的生活习惯的关键时期。没有正确思想的引导，没有道德规范的约束，是难以成才的。因此，对有错误的学生，只能耐心地和他摆事实、讲道理，不仅让其"知其然"，还要让其"知其所以然"，以此来提高他们懂道理、讲道理的自觉性；批评的言语必须是诚心诚意、富有人情味。要用一颗炽热的心去关怀他们、激励他们，真心实意帮助他们解决各种问题，用真善美去唤起学生自我教育的意识，让学生听后觉得你是真心为他好，设身处地地为他着想，不是跟他过不去，要他难堪。因为"入情才能入理，通情才能达理"。冰冷的态度、过重过激的言辞，都会引起学生的逆反心理，增加说服的难度。只要用我们的真情去感动学生，使之感觉到批评他是为他好，那么我们离"使学生回到正确的航向上来"的目的便只有一步之遥了。

4. 对待批评的对象要一视同仁。

在学生面前，面对的不管是平时表现较好的学生还是调皮任性的学生，都应一视同仁，不能有一丝一毫的偏袒。这对于教师，的确是说起来容易做起来难。同是做错一件事，对于平时各方面表现较好的学生，老师往往会无意识地往好的方面去想，认为是偶然的或是无意的，常会大事化小、小事化了，因而对他比较宽容、理解；而对于平时表现较差的学生，老师常会往糟糕的方面去思考，而投以另一种目光，认为是必然的或是故意的，因而常会小题大做、百般刁难，又是批评又是检讨，很少会轻易放过。教师的这种无意中形成的厚薄分明之情，对那些更需要关心、帮助与鼓励的表现较差的学生来说，会让他们因为教师的不公而承受更大的心理压力，并促使他们对抗情绪的高涨，从而更增大了教师教育的难度。所以，班主任不能对学生有偏

批评篇

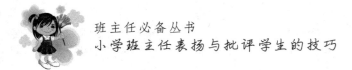

见，处理事情的时候更不可有偏心。学生的心理是敏感的，尤其是学习较差的学生，所以对他们进行批评时，教师更应该注意让他们心理平衡，这样才会有好的教育效果。

5. 批评的底线是合法和合情。

在教育过程中，班主任要认识到学生是一个独立的人，有自己的兴趣爱好、尊严权利和独立人格。但在教育实践中，有些班主任往往忽视了学生的权利，甚至侵犯学生的权利。比如：语言暴力，侵犯了学生的人格权和名誉权；行为暴力，侵犯了学生的身体健康权；开除学生，侵犯了学生的受教育权；干预过度，则侵犯了学生的隐私权。因此，班主任应该不断学习《教育法》、《教师法》、《未成年人保护法》、《义务教育法》等法规，增强法制观念，依法施教，合法批评。

学生由于心理不成熟、认知能力欠缺等原因，容易受到不公正、不合理的对待。班主任在批评学生时容易受到自身感情因素的影响，把工作、生活中的不悦情绪发泄到学生身上；或受到思维定式的影响，依据自己以前对学生的印象加以判断，致使批评不合情理。因此，在教育学生时，班主任一定要客观地分析学生违规行为的性质、具体的违规情景，对症下药，动之以情，晓之以理，引导学生分析、认识、反省自己的错误，使之在受到批评的同时也能感受到教师的关心和爱护之情，从而心悦诚服地改正错误。

在批评学生时，班主任还需要注意灵活运用各种方法。有的班主任总结了以下几种方法，我们一起来品评一下：

1. 迂回。有些教师在批评学生时容易发怒，喜欢单刀直入，这会导致学生口服心不服，直接影响教育效果。采用迂回的方法，就是在批评学生之前，先全面了解事实真相，根据学生心理特点，采用迂回的方式，旁敲侧击，委婉地进行批评，即把"良药"装在"胶囊"或是"糖衣"中，来解决苦口的问题。这种方式将批评的直接性与尖锐性弱化，使批评的话语更容易被孩子所接受。

2. 对比。这种批评的方法就是班主任在教育学生的时候，借助其他学生的经验教训，运用对比的方式烘托出批评的内容，使被批评的学生感受到客观上的某种压力，促其自我反省。这种对比，其目的不是为了使学生自惭形秽，而是用反面的事例来与学生的现状进行对比，用他人的经验教训让学生认识到问题的发展趋势以及危害性，使批评的效果更为深入。

3. 微笑。批评学生，固然不能嘻嘻哈哈，但总是拉下面孔，让学生望而生畏，效果也不一定好。所以即使是批评，教师也应当和蔼可亲，严中有爱。一个轻轻的拍肩膀的动作，一番轻声细语的分析开导，都能起到事半功倍的教育效果。在批评时适时微笑，可以拉近师生之间的距离，让学生感受到批评背后是教师对他们的殷切期望，使学生在接受批评之后不至于灰心丧气，而是保持改正错误、努力进取的决心。

4. 嗔怒。批评学生，必要时可以严厉一些，目的是击其要害。嗔怒可以使极少数犯错明显又拒不认错的学生感到问题的严重性，心灵产生震动而承认错误并改之。当然，嗔怒不是大发雷霆，而是恰到好处的警醒。这种批评的方式，其目的是为了营造一些严肃的教育氛围，给学生一种气势上的压力。但是这种嗔怒的方式不宜常用，一是为了保持教师的平和心态，防止在嗔怒时教师自身的情绪失控，二是如果使用不当，会给学生的心理造成过大的压力，不利于学生身心的健康成长。

总之，不管学生出现什么样的错误，班主任一定要处理好批评的方式方法。对于犯错误的学生，不要动不动就让学生写检讨书或写保证书，因为批评是为了使学生及时改正，而不是要把这不光彩的事当作历史档案来存根，更不要动不动以"以后再犯就告诉你父母"或"要不然回家请你父母

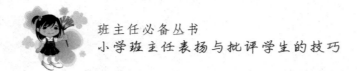
来"这样的语气相威胁等等。有的班主任在班里做过调查，几乎所有的学生都反对班主任这样做，并强调多给学生一些机会，因为很多时候他们犯错误都不是故意的，不能动不动就告知家长；也不要在学生有点错误时，到学生家家访，即便是为了掌握情况，必须与家长通力合作，不让学生知晓，否则，一旦学生怀疑你"背后告状"，你的思想工作便注定是"事倍功半"的。一般是个别交谈，这种方式使用得最多，因为在这种情况下批评学生，较容易使学生既认识到缺点和不足，又不伤其自尊心，不至于下不了台；也可以借助班级的力量：如开主题班会，借助班干部的关心和帮助，借助与之较好的而又没有同样违规的同学的影响力等。

批评可以及时纠正学生的不良行为习惯，帮助学生及时改正错误。为了正确运用批评这种教育手段，班主任还需要修炼内功，提高思想修养，树立正确的"批评观"。什么是正确的"批评观"？可以从以下几方面进行具体理解：

1. 批评不应该是否定，而应该是给予。育人的目的是使学生"成人"。我们批评学生的目的应该是"给予"，应该在批评过程中给学生一个榜样，让他们学有目标。

2. 批评不应该是指责，而应该是关怀。指责学生是班主任情绪不健康的一种反映。班主任对学生的批评应该是一种关怀，是一种心灵的碰撞。

3. 批评不应该是审判，而应该是交流。不管学生有没有犯错，他与班主任都是平等的。我们应该在与学生的交流中了解事情的来龙去脉，分析学生的言语和行为，以帮助学生发现并认识到自己的错误，进而改正错误。如果班主任自始至终都以审判者的角色来批评学生，学生就会从心底里反感、排斥，甚至是憎恨你。这种说教式的批评，效果可想而知。

☹ 关于班主任批评权的讨论

讨论一：教师为何失去了批评学生的权利

在某些学校，招生指标要求教师必须配合完成招生名额。明眼人都知道，这哪里是招生，分明是"求生"！而且是"双重求生"，既求生源，又求生存。透过上述这一现象就不难发现：虽然至今仍有不少孩子因经济原因或其他原因不能读完小学，但是在很多地方已经出现了"学校抢学生"的现象，目的只有一个：考高分，提高升学率。与此相关的解释是，老师与学生之间的地位或者关系正在发生某种变化。积极一点说，学生在选择学校的主动性、独立性方面增强了；消极一点说，教师在一定程度上失去了教导学生的权利。以高考分数为目标的生源流动与教育考评体系正在伤害中学教育。

学生追求升学，学校追求升学率，舍此都是"不务正业"。当教育成为一桩可有可无的生意，许多学校不得不迁就这种弥漫于全社会的功利主义，甚至鼓励教师蓬首跣足、忙乱其中。而这种功利主义，更让学校失去了教书育人的神圣性。当批评教导学生在老师和学生眼里都只是为了提高分数，生产出合乎标准答案的产品，昔日光洁而有梦的象牙塔，在急功近利的人们眼里也只剩下光秃秃两根可以估价而卖的象牙。

同样糟糕的是，作为教育合约的一方，当一个顽劣的学生被父母"托管"到学校，特别是一些择校现象较普遍的民办小学校，本来就不是为了升学或者考高分，学校甚至失去了批评教育这个学生的正当性。

讨论小结：在上述讨论中，将教师失去批评权的原因归结于"失学率"、"抢夺生源"，为了失学率，使一些教师屈尊纡贵，失去了教导学生的权利，这一原因在中学较为普遍。还有一些原因是因为家庭教育的缺席，而使学校教育也失去了必要性与话语权。但是笔者也在反思，当作为个体的班主任与学生面对时，出于本职责任，加之对学生的情感付出，批评真的是如此难做

批评篇

103

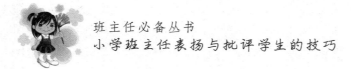

吗？如果不批评，对学生的错误和问题听之任之，这难道不是学校与教师的失职吗？所以，笔者认为，教师本没有在真正意义上失去批评学生的权利，而是运用批评的行为往往被学生、家长以及社会所诟病，最后让教师对自己的批评权也不自信起来了。

讨论二：如何看待教育部规定的班主任批评权

2009年8月12日，教育部出台《中小学班主任工作规定》（以下简称《规定》），其中第16条指出：班主任有权对学生进行批评教育。

教育部基础教育一司负责人指出，在我们强调尊重学生、维护学生权利的今天，一些地方和学校也出现了教师特别是班主任教师不敢管学生、不敢批评教育学生、放任学生的现象。《规定》明确："班主任在日常教育教学管理中，有采取适当方式对学生进行批评教育的权利。"

1. 专家声音：教育的功利性导致批评的尴尬

某教育专家认为，班主任在行使批评权上出现争议，是由于教育的功利性造成的。在不少家长看来，交了钱把孩子送到学校，就应该享受相应的服务，这就造成了老师不敢批评学生的现象出现。当教师名正言顺的批评权受到干扰，当教师的教育方式受到挫伤，教育部才重申教师享有批评权。

2. 校长声音：赏识教育过多导致学生走上社会难适应

某小学校长认为，不及时纠正学生的错误，就会错过其改正错误的最佳时机。没有批评的教育不是完整的教育，也不利于学生培养正确的是非观，会影响其健康成长，适当地接受批评，有利于学生建立有效的心理防线。学生在校期间接受的赏识教育过多，走上社会后，用人单位严格的规章制度是不会容忍员工一而再、再而三地犯错的，他很可能会因此失掉工作。

3. 家长声音：批评前最好能沟通

有记者随机采访了10位中小学家长，有6位家长表示，支持班主任行使批评权，有4位家长建议应以激励赏识教育为主。多数家长认为，学生犯错，老师在严厉批评或轻微惩戒前，最好能告知家长，并和家长取得沟通。还有家长认为，批评与鼓励应结合起来，批评学生应把握好度，不要伤害学生的自尊。

4. 学生声音：适当的批评可以接受

有记者随机采访了10位中学生，有1位学生认为班主任批评学生没必要，不希望老师采取批评的方式对待学生。有9位学生认为，学生出现错误，班主任应及时批评，对老师的适当批评也能接受，但希望班主任在批评学生时，不要"老账新账一起算"，也不要"在大庭广众之下批评学生"，更不要"伤害学生的自尊心"。

5. 综合建议：批评方法要讲究

有专家认为，在学生的成长中，接受批评，并由此获得成长，这是正常的规律。但是，要达到好的效果，批评教育也要讲究方式方法，并给出了以下几条建议：

（1）批评要对事不对人，不提以往的过错，不使用伤害学生人格的字眼，维护学生的自尊心。

（2）不能忽视学生犯错时的情境因素，少将过失归咎于学生的个人品质或主观意图。

（3）要注意对所有学生在问题面前一视同仁，应摆脱老师个人情绪状况的影响，也不可带个人偏好，如成绩优良的学生犯错时不批评，而成绩差一点的学生重批评。

（4）形成"契约式"班规，让学生认可批评的方式，以学生比较愿意接受的方式进行沟通。

讨论小结：从以上各方的观点可以看出，批评本身并没有问题，而且各

批评篇

方的意见可以达成一点共识：适当的批评是可以接受的。这就又返回到一个操作层面的问题上，即班主任和任课教师如何正确运用批评方法。检验批评方法的正确与否，笔者认为，可以从教育效果进行反推，教师应该在批评之后与受批评者做好沟通工作，以便查验批评效果。另外教师作为批评者，自身也要做好反思工作，对自己的施教过程与动机进行反思总结。

讨论三：为什么班主任不敢批评学生

有的班主任表示，班主任是否敢批评学生，不在于是否享有批评权，如果出现一些不可预知的后果（如学生离家出走），班主任可能要为全部后果"买单"，这样的批评权，班主任敢行使吗？

某学校曾进行了一项问卷调查，100份问卷中，有效问卷95份。51位班主任在问卷中称：不敢批评学生。该校的一位班主任说，教育部明确提出班主任有批评权，但同时要求批评是"适当的"，作为一线教师有理由问：什么是"适当的"？这是否意味着，一方面给你一把"戒尺"，让老师批评学生；一方面万一出现问题，主管部门可以说老师的批评是"不适当的"，最终所有的责任都由老师自己扛？

问卷调查显示，班主任不敢批评学生的理由如下：家庭溺爱导致一些学生经不起批评，受不了一点挫折，如果受到批评后出现一些极端行为（离家出走、自残、跳楼等），无形中使班主任压力过大；学校、家庭和社会对教师批评学生的看法有时较偏激，班主任常处于弱势地位；当前学生自我保护意识很强，家长也有很强的自我保护意识，一旦学生在校受到"委屈"，家长就会到学校兴师问罪。

一位班主任直言不讳：因为批评了学生几句，外省一名女教师被这位学生的家长在课堂上打得流产，谁来维护这名教师的批评权？

也有班主任提出不同的观点，认为每个学生在成长过程中都可能犯错，教师的批评就是不断给学生纠错，这是"赏识教育"和"激励教育"无法取代的，"现在班主任面临的问题是如何合理地行使批评权，而不在于有没有批评权。""批评对教育而言是不可或缺的。"

某小学校长认为，批评的艺术要经过多年的积淀，能让学生理解的批评就是最恰当的，"作为班主任，要学会用眼神、面部表情和语言来行使批评权，粗暴的批评或惩戒，超越了批评的界限，不值得提倡。"

讨论小结：结合上述的各种讨论以及观点，我们大致可以达成这样的共识：教育离不开批评，但批评绝对不是教育的全部，作为教师应该共同寻求有效批评的方法与途径。班主任对学生的批评，不光有"敢不敢"、"会不会"，还应该加上"好不好"、"当不当"。

第二节　批评之前应该做的事情

要使批评有理有据，既不夸张、也不失察，教师就必须采取认真观察、仔细倾听、耐心询问等方式，有针对性地做好批评前的调查工作，掌握确切的情况，弄清事情的本来面目，分清是非，绝不能偏听偏信。作为班主任，既要站在教师的角度，又要站在学生的角度去分析和评价，找出问题的真正原因，千万不能凭推测和小道消息来作为批评的依据。

☹ 调查事实，确定负责

批评绝不是一个孤立的教育过程，批评之前与之后都要做好教育辅助工作。批评之前更是讲究调查研究，如果班主任缺乏深入调查和了解，就进行任意性和盲目性的批评，这种没有丰富基础的批评必定难以产生积极的

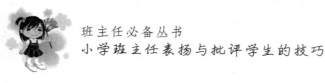

效果。

现在的学生思维活跃，特别是一些屡犯错误的学生，班主任如果不掌握其犯错误的真凭实据，他可能会百般抵赖，甚至当着全班同学的面说你冤枉了他，弄得老师下不了台。这时要对其批评教育就要掌握其真凭实据，击中其要害。例如，对于一个上课爱说话不注意听讲的学生，教师批评前可对其周围的学生进行及时的明察暗访，了解其所谈的话题和内容，在此基础上再找其谈心，他必然会心悦诚服地接受批评。

需要批评前进行调查的事情，一般都是较大或较复杂的事件，比如学生打架、伤害事件、财物丢失等。对于这类事件的调查工作，班主任要注意以下问题：

1. 班主任不能对任何问题都使用批评手段去解决。只有对那些已经成为或可能发展成为倾向性、代表性且影响较大而又比较顽固的问题才可以考虑辅以必要的批评，以动摇其既有基础，遏止其蔓延趋势，挫伤其嚣张气焰。这就要求班主任具有敏锐的观察力和迅捷的判断力，对问题深刻而准确地把握。

2. 班主任要对本班学生有较多了解。相互了解和感情投入是相辅相成的。感情投入容易使批评产生正面效果，而相互了解能使批评的针对性更强，技巧及力度更符合批评对象的特点。如果班主任对批评对象的性格、心理、情绪、修养、经历及爱好等方面都了如指掌，就能保证批评最大限度地发挥其启迪、激励、鞭策和警醒的作用。而起反作用的批评，多是由于不真正了解对方而误用。

3. 班主任要避免主观臆断，要弄清楚原委。学生犯错的原因往往比较复杂，作为班主任，切忌凭主观印象"想当然"，不弄清事情原委，不问青红皂白，严厉批评学生，使学生蒙受委屈，从而人为地加大师生间的心理距离,使学生产生消极的心理定式,不利于学生的思想转化。因此,在对待学生中出现的问题,班主任必须做认真细致的调查研究,要弄清楚事情的原委,知晓学生所犯错误是无心之过还是有意为之,明白此事是情有可原还是理不可恕,然后再采用适当的方式处理,才能做到"知己知彼,百战不殆",达到批评教育的最佳效果。

请看下面的一则案例。

【案例现场】

我班上一名女生小张连续几次晚自习旷课,面对不肯说明旷课原因、屡教不改的小张,我当时勃然大怒,狠狠批评了她一顿,但静下来之后,小张委屈的眼神让我觉得处理不当,决定要搞清楚事情的原委。因此,我与小张的家人和要好的同学加强联系沟通,了解到小张旷课的真正原因,原来她的父亲受伤住院,使原本贫寒的家境"雪上加霜",好强内向的她不愿让别人知道她的困难而同情帮助她。于是,就自己利用晚上时间出去打工赚钱。了解事情原委之后,我立即找同事联系了一份勤工俭学,并及时找来小张谈话,我首先放下班主任的"架子",为自己武断的批评真诚地向她道歉,她非常感动。我们朋友式地进行交流,她也认识到自己的错误。

【案例总结】

案例中的班主任最开始对小张的旷课原因没有进行调查,在不明了旷课原因的情况下,就冲动地狠狠批评了她一顿。后来,经过与小张家长和同学进行沟通,才了解到小张旷课的真正原因。可见,没有进行调查的批评往往会偏离事情的本来面目,无法真正起到教育的作用,甚至会对孩子造成伤害。案例中,班主任认识到自己武断的批评给小张带来的伤害后,真诚地向小张道歉,这一点也是值得肯定的。

批评是一门艺术,这门艺术包含调查的艺术,也包含分析的艺术。从实

批评篇

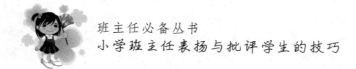
践来看，批评前除了要调查事情的来龙去脉，还需要做好分析工作，班主任主要把握好以下几个方面：

1. 分析解决问题的紧迫度。班主任一定要把握批评的火候。在弄清存在问题的前后因果前提下，选择最佳时机和最佳场合，采用适当的方法展开批评教育。如果班主任一见到或听到学生犯了错误，火从心起，或训斥或辱骂或体罚学生，那就容易伤害学生的自尊心和人格，使学生产生对立情绪。因此教师要进行调查研究，并进行认真的分析后才做出处理。

2. 分析批评对象的情绪和心理状态。班主任应广泛运用教育学、心理学、行为学等知识，分析和研究批评对象的情绪和心理。通过观察和了解，看其对待批评是悲观情绪还是对抗情绪，是恐惧心理还是无所谓心理，准确掌握批评对象的主观态度和承受能力，要因势利导，进行正面教育。班主任在处理问题时，要善于根据学生的年龄心理特征和学生不同的性格、气质特点，运用一定的教育方式进行巧妙的引导，使一时冲动的情绪或矛盾得以缓解，进而通过正面教育，促使犯有错误的学生提高认识，改正错误，在这个基础上，对症下药，因材施教，有方式地展开批评教育。

3. 分析学生对班主任的信任度和情感交流的程度。班主任必须了解自身权威因素和未知因素对学生的影响程度，以便把握好批评的宽严标准。还必须了解学生对班主任的信任和期望程度，以便把握好批评的深浅尺度。班主任对学生来说，既是良师又是益友，班主任良好的思想品质、学识、言谈举止都给学生以潜移默化的影响。小学儿童对班主任老师有特殊的信任和依恋的情感，他们每一个人十分关注班主任对自己的态度，他们的行为在很大程度上是以班主任对自己的态度和情绪反应为转移。如果班主任既能与学生平等相处，尊重学生，又能处处给学生以热情的关怀和鼓励，让学生感到班主任平易近人，可亲可敬，学生就会乐于接受班主任对他们提出来的要求。

☹ 先解决事情，再批评

有些时候，学生之间的问题或矛盾正在发生，事件并没有结束。面对这种情况，班主任先不要急于追查谁的责任，而应先解决事情。比如，两个学生打架，那么班主任或其他同学要做的第一件事就是中止打架这一行为的继续发生，然后再调查问题所在，确定责任，进行批评。如果其中一方有受伤情况，班主任或其他同学要做的第一件事是救助受伤的同学，及时地将其送到校医室或是医院，进行处理。

此外，对于小学生来说，有些错误不是他们故意去犯的，而是由于自身认知水平的限制，使其做出了错误的判断和行为。对于这样的同学，班主任和任课教师要善待学生的错误，多多帮助他们找出解决问题的正确方法，从正面引导学生。指给学生一条正路，他就知道自己刚刚走过的是弯路。

请看下面的一则案例。

【案例现场】

我班上有一名男生小梁，违纪现象天天都有，并经常拿别人的东西，多次教育都不见效果。正当我苦于无方教育他的时候，有一件事却使我感到意外的惊喜。一天下午，他妈妈来找我，说他中午拿回家两朵小红花，是因为他表现好，老师奖给他的。看来妈妈对自己的孩子比较了解，从她的脸上我看到了惊喜和疑惑。我对她说，红花不是老师奖给他的。他妈妈听后又气又急，连声说："这孩子又撒谎，真该打！"我对她说，听到这个消息我很高兴，不管怎样，孩子把红花拿回家，是想得到你的表扬，这说明他有上进心，我们应该抓住他的这个特点，引导教育他。他的妈妈深有感触地说，对！这孩子就是喜欢表扬……

课外活动，我把小梁带到办公室，问他："你知道老师为什么带你来吗？"他

摇了摇头,我说:"老师先给你讲一个故事。"我把美国总统华盛顿小时候砍倒父亲心爱的樱桃树,主动承认错误的故事讲给他听,接着又说:"老师今天丢了两朵小红花,你能帮老师找回来吗?""老师,我能!"他的眼睛亮起来,接着又低下了头,说:"红花是我拿的,我看到别的同学都有小红花,我也渴望有一朵,今天中午放学后,我趁没人注意,从讲桌里拿走的。老师,我错了……"望着孩子天真的眼睛,我说:"老师不批评你,而且还要奖给你两朵,一朵是因为你诚实,一朵是因为你敢于承认错误,你拿的两朵红花你自己留着,你每进步一次,得到老师的表扬,你就在光荣榜上自己名字的后面贴上一朵,好吗?"他泛着红光的脸上充满了自信,点了点头。

第二天,我发现小梁从来没有像今天这样守纪律,上课听得非常认真,课间主动把教室里的桌椅板凳排得整整齐齐。我及时地表扬了他,并在光荣榜上帮他贴了一朵小红花。

【案例分析】

案例中的班主任一开始并没有批评小梁,而是用巧妙的"约定",让小梁帮老师找小红花,使小梁认识到自己的错误,这样就解决了小梁偷拿小红花的事情。然后班主任用表扬代替批评,鼓励小梁继续进步。

【案例总结】

面对学生的错误与问题,作为小学班主任,一定要做好自己的思想工作:人都会犯错误,更何况是孩子呢?犯错误是孩子的权利,我们应以一颗慈爱的心善待孩子的缺点和错误,先给他们改正错误、主动解决事情的机会,然后再酌情选择批评的方式,引导他们走向成功。

有的班主任还主张采用"冷处理法"。这种方法也是主张先解决事情,再批评。这种方法适用于发生的问题比较严重,情况比较复杂时,矛盾对方处于"白热化"的情况。面对这种状况,班主任一定要保持冷静,以防矛盾激化。班主任应尽力调整双方的情绪，不谈及谁是谁非，而是从关心的角度，问及最近几天的学习、生活情况，稳定情绪，隔一段时间再处理。否则会使学生不满产生对立情绪，与批评的目的适得其反。

比如，有两个学生打架，其中一人受伤，这时不能严肃批评，因为同学间发生肢体接触后在心里会对对方充满敌意，如果此时教师再去批评他们，势必使这两个同学之间相互记恨。班主任应采取冷处理法，先问伤情，予以关心，问及打人者和被打者最近的各方面情况，分别做思想工作，找出他们身上的优点和缺点，使他们消除和化解与对方的敌意，最后"和平"解决，让打人者主动赔礼道歉。

有很多时候，当班主任引导学生认识到自己的问题，明确双方的责任，并使矛盾双方真诚地向彼此道歉时，班主任已不必再批评了，因为事情已经解决，教育的目的已经达到。所以，班主任将"解决事情"放在"批评"之前，常常会在心平气和的氛围中取得良好的教育效果。

批评篇

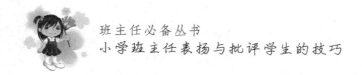
第六章　审时度势

——批评的时机和场合

第一节　批评要讲究时机

教师,特别是班主任老师在运用批评的方式教育学生时,常常会遇到这样的情况:当一个学生违犯了纪律时,教师对他进行批评教育,虽然教师的批评是客观、公正、合理的,却往往收不到良好的教育效果。学生面对老师的批评教育,或一言不发,或口服心不服,或与教师直接发生冲撞,或事后进行"报复"……造成这种状况的原因,除了其他因素(如学生的性格、思想品质、心理状况等)外,与教师未能把握住批评学生的时机也是有直接关系的。因此,教师批评学生要想让学生容易接受,收到最佳的教育效果,应当尽力做到适时。

😞 从学生、教师的心理状态判断时机

学生犯了错误,并不是在任何情况下、任何时候里的批评都能奏效的,教师应当根据问题的实际情形,把握好批评的适宜时机,安排好批评的最佳时间。特别是如果遇到学生之间吵架之类的突发事件,教师更不能为"急于求成"而对学生进行严厉批评,或大动肝火。因为学生正当吵架之时,常常会失去理智,而对批评教育采取排斥态度,此时的批评将毫无意义,弄不

好还会适得其反。正确的做法是，先让学生冷静下来，待到恢复"常态"，对自己的错误有了一定认识后，再进行批评教育，学生就会容易接受。因此，教师批评学生时，既要重视培养师生间的情感，研究教育方法，更要善于选择抓住学生的心理状态，判断批评的最佳时机。

根据教学经验来看，批评的最佳时机是否到来，取决于学生的心理状态和现实处境。一般而言，学生内心刚刚平静时、取得细小进步时、遇到困难需要帮助时，其最佳的教育时机也就来到了。而如果是学生正在犯错误，或者刚刚犯过错误，内心都不会平静，甚至是怨气、怒气很旺的时候，这时教师不妨先"避其锋芒"，暂时不予以"追究"，待到学生内心平静时，教师再视其所犯错误的具体情节，或对其"动之以情，晓之以理"，或对其进行严厉的批评教育，或给予必要的"惩罚"……

教师还必须知道，学生一般都有要求上进的心理特点，如果自己的行为得到老师和同学们的肯定，他们往往会从内心产生一种满足感和愉悦感，从而更加努力地去做好某件事情。教师应当根据学生的这一特点，及时发现并肯定学生的进步之处，同时指出其缺点，提出新要求。这样，学生就比较容易接受教师的批评，就会想方设法去改正错误。当学生在学习和生活中遇到困难需要帮助时，教师应当主动为学生排忧解难，让学生感受到教师的温暖。这样做，既是教师义不容辞的职责，又为教育学生创设了一个心与心相融的最佳时机。

所以，研究学生的心理状态，就不难发现批评学生的时机一般是在这两种心理状态：当学生在精神上获得满足之时和当学生的情绪稳定之时。从心理学和生理学角度分析，人在愉快的时候，很容易接受他人的观点，轻易地袒露自己的心迹，此时因势利导，效果倍加；而当学生情绪激烈或有敌对情绪时，不宜进行批评教育，而应该耐心等待、故意制造一个暂时"空白"——缓冲阶段，进行"冷处理"。待学生不良情绪缓解了，情绪趋于稳定

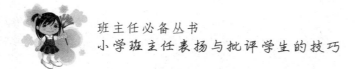

时,再批评教育,这样效果会更好。反之,学生不但听不进去,而且还可能发生不测事件。

从学生一天正常的心理状态规律来看,教师批评学生也要注意时间的选择。一般而言,早晨不要轻易批评学生。因为早晨是一天的开始,孩子在早上的状态都比较好,精力充沛,兴高采烈地踏进校园。如果此时批评学生,可能会影响学生一天的情绪,从而对学生的学习、身心产生负面影响。放学之前也不要批评学生,因为放学之前的时间较匆忙,教师没有充足的时间掌握学生在接受批评后所做出的反应。学生带着沮丧的情绪离校,也会给第二天的学习生活带来负面影响,而且有的孩子在回家的路上也在因老师的批评而郁郁寡欢,会做出一些破坏性的举动,或者是发生交通安全事故。

另一方面,教师在选择批评学生的时机时,也要考虑到自己的心理状态是否适合于对学生进行批评教育。好的心境,能使批评的语言充满深意,能使批评的策略更有层次,更能使批评的目的被学生接受。所以,班主任批评时要尽可能选择自己心情轻松、愉快时去批评。如果情绪不佳,一是可能面带冰霜,显得阴沉、冷峻,学生会误认为你对他的错误性质看得过于严重;二是教师如不善于控制情绪,可能会迁怒于学生,在学生身上发泄心中不快,导致不良后果。

☹ 批评要及时、即时

批评要及时,是相对于"算总账式"的批评而言的。所谓"算总账式"批评,即平时看见学生的错误不予批评,而把错误累积到一定程度以后,才对学生来一次"算总账式"的批评。有的班主任之所以这样做,是因为他们认为,这样批评学生,火力猛、压力大、效果好,理直气壮,必可使对方心服口服。还有部分班主任喜欢"算总账"的原因是:虽然看见部分小错误,但觉得微乎其微，没有批评的必要，但学生的错误日积月累、重复出现，终于有一天忍无可忍、大发雷霆，顺便把过去的错误统统拿了出来批评。

这种"算总账式"的批评，效果是十分糟糕的。它会引发被批评者强烈的委屈感，被批评者会认为这是小题大做，或者干脆否认对自己的批评。为什么"算总账式"的批评会造成巨大的委屈感呢？这是因为人的心理活动都有这样一条规律：人，会自动淡化或忘记自己的过失，却也会自动牢记或强化自己的功劳。由于这种心理规律的存在，因此"算总账式"的批评必然会引起巨大的委屈感，班主任重提旧事，往往会使被批评的学生认为班主任是无中生有或小题大做。

批评要及时，也是为了及时抓住学生的心理，单刀直入，迅速攻破学生的心理防线，使其接受批评。特别是针对不肯承认过错、老是为自己辩解的学生，批评更要及时。对这类学生原则上在其刚发生问题时就批评。因为人若有错，心生内疚，并做好挨批评的心理准备，一旦错过时机，不仅达不到批评的效果，反而会给予他狡辩的机会，甚至说"当时为什么不说"，拖延成了反驳批评的"理由"。

总结上面的问题，班主任要适时批评，掌握批评时机的时候，一定要注意以下事项：

1. 要尽量避免"热处理"。学生错误行为刚刚发生时，情绪还停留在情境状态，情感还支配着理智，自我保护意识很强，如在此时批评，很容易发生师生之间的"撞车"现象。所以，班主任和任课教师要等学生头脑冷静、恢复理智后再去批评，这样学生容易接受。

2. 批评不要太滞后。不要等事情发生很久或等学生积累了一系列错误之后再去批评。事过境迁，再去批评就丧失了较佳时机，而旧事重提、算总账的做法，会使学生认为老师对自己有成见，或是给学生造成这种印象：老

批评篇

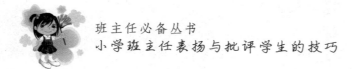

师喜欢"旧饭新炒"。待学生把所做的错事差不多忘记后，教师再去"揭老底"，不但不会收到什么效果，反而会让学生认为你喜欢用老目光看人而产生对立情绪。所以，"旧事重提"的批评不是一个高明教师的做法。

3. 不要进行"突然袭击"式批评。学生在毫无心理准备的情况下受到批评，会产生本能的反感乃至防护性的对抗行为。因此，在私下批评前，班主任可提前与学生约定时间、地点。批评时，应尽量先和学生交换意见、进行沟通，使之对批评有一定的心理准备。

第二节　批评要注意场合

一个适当的场合是一个良好的氛围的必要条件，而良好的氛围又是批评目的的达到与否的关键因素。一般来说，当大多数学生犯了错误，不宜在班里批评，即使为了说明防止这样一种过错现象，也不能点名道姓，要尽量照顾到每个学生的自尊。要想批评取得效果，就绝不能与学生的自尊心相对抗；班主任进行批评的目的只是使学生回到正确的航向上来，而不是去贬抑他的尊严。即使我们的动机是高尚的，而且对批评学生抱有正确的态度，但也要注意往往是对方的感觉在起作用，所以班主任要注意到自己的批评言行是否给学生带来了不好的感觉。

而当有其他人在场的时候进行批评，哪怕是最温和的方式，也很容易引起被批评学生的怨恨。很多教师却常常忽略了这一点，残酷地抹杀了学生的感觉。由于被批评学生往往对教师存在疑心、戒心，有一种盲目的自我防护反应，所以班主任和任课教师只有待之以诚，才能克服学生的这种心理障碍，使师生互相接近，消除疑惧心理，创造一种彼此容纳、沟通情感的良好氛围。班主任要切记，给学生一点面子，便是给班级工作多一条道路。

☹ 找场合首先要考虑孩子的接受能力

批评要以学生的心理基础为前提。学生的思想觉悟有高有低，其气质类型多种多样。批评能否收到良好的教育效果，关键是取决于学生的认识基础和情感基础，因此，批评场合的选择也要考虑到孩子的接受能力，因人而异。

批评总是要指出缺点或揭人短处的，总是使人不舒服。因此，批评要合适，应以个别谈心疏通思想式批评为主；更要注意选择适宜的场合，场合不当，不仅使批评不易被接受，而且会伤害学生的自尊心，以致产生抵触情绪，适得其反。有时场合选择不当会把事情搞得更严重，有时利用其他人，比如同学或家长的渠道去批评也许效果会更好。

根据小学生的心理接受能力，教师批评学生一般不宜在公共场合进行。因为小学生的身心尚未发育成熟，心理较脆弱，承受能力有限，而自尊心又较强，如果在大庭广众之下挨批评，遭讽刺，他们的自尊心就会受到伤害，容易失去自信，或与老师产生对立情绪，甚至发生冲突。如果学生时常在公共场合挨批评，也容易使学生对老师的批评教育充耳不闻、漠然视之。这样，批评的效果就会大打折扣，甚至会出现负效应。因此，教师批评学生应当尽量选择在人少的地方，以利于师生之间倾心交谈，坦诚相对，减轻学生的心理压力，避免伤害其自尊心。

如果为了扩大教育范围，确实需要当众批评的，也要事先同批评对象商量一下，说明这样做的好处，令其愿意与老师配合。如果批评是在办公室里进行，最好让学生坐下。你让他坐下了，他会感到与你的心理距离一下子拉近了，也会感到老师对他的尊重，觉得老师并未因为他犯错误而对他另眼相

批评篇

看，老师是真的希望他健康成长；同时，让学生坐下来说话，也体现了老师平等、民主的教育观、学生观。在这种平等、民主的氛围下，学生容易接受老师的批评，教育的时效性将得到提高。

细致分析小学生的年段特征，我们会很容易地发现，小学高年段学生的自尊心和独立性都比低中年级的学生要强，班主任对待高年段的学生时要格外注意批评的场合。一般来说，对于那些一时不能正确认识自己的错误、比较固执的学生，可以适当在办公室进行批评，借助其他教师言论的旁敲侧击，使其及时认识并改正自己的错误；或单独叫到教室外面，避开其他同学进行批评。对于自尊心很强又"爱面子"的同学，则应以单独聊天的方式进行批评，创造一种轻松和谐的气氛，让其在与老师平等交谈中认识到自己的错误。只有被批评的错误具有代表性，批评一人可以教育全班学生时，才可公开批评，起到对全班同学"敲警钟"的作用。

请看下面的一则案例。

【案例现场】

我班一位学生头脑聪明，成绩优异，但组织纪律性差，我行我素，经常违纪。我多次批评他也不见效果。一次劳动课，要求学生带小锄去果园锄草，结果全班只有他一人没带。我非常气愤，当场批评他，并责令他回家去取。他却理直气壮地说："我爸妈没在家，我找不到工具。""那你不会去借吗？""邻居家也没有！"他气呼呼地甩出这样一句话。我立即被激怒了，便大发雷霆，狠狠地教训他，并强令他用手去拔草。他却转身就跑。事后，我想了很久，事情发展到这地步，即便是再把他找来训斥一顿已不是解决问题的根本办法了，原因在哪里呢？经过反复思考，我认识到这名优秀生从小就受到老师、家长的宠爱，很有优越感，自尊心也很强。当众批评他言语过于激烈，难以被接受，由此产生抵触情绪。后来，我找他单独谈心、聊天，旁敲侧击，委婉含蓄地让他认识到自己的错误，收到了良好的效果。

【案例分析】

案例中的班主任当众批评一名优秀生不带劳动工具，结果没有达到教育的目的，那名优秀生转身就跑。后来经过反思，班主任分析到了那名优秀生的心理状态：他从小就受到老师、家长的宠爱，很有优越感，自尊心也很强，所以当众批评他就会产生抵触情绪。于是，班主任根据学生的心理状态，选择了单独谈心的场合，委婉含蓄地对那名学生进行批评，达到了最初的教育目的。

【案例总结】

对学生进行批评时，教师要根据当时的具体环境（时间、地点、周围有什么人）和学生的个性特点、情绪状态来决定。必须当场提出批评的，应及时批评；事态不严重的，也可以事后提醒，但不宜事后批评；需要当众批评的，要注意方式方法；学生已经认识到个人的错误，并处于自责状态时，可以用委婉的语气批评或事后批评；学生认为自己有理，而且抵触情绪特别强烈时，最好不要严厉批评，以免引起师生冲突，出现难以控制的局面。

☹ 批评的场合宁小勿大

班主任要慎重选择批评的场合，总的原则应该是宁小勿大，这样可大大减小批评的副作用。同一质量的批评语言可因场合的大小而改变其力度。因而班主任必须认真考虑其适用场合。一般来说，批评对象是一个群体时，场合可稍大，比如全班同学在某事上都没有做出良好的举动，为了引导学生的行为价值取向，形成良好的集体舆论氛围，班主任可以在班级的公开场合做出批评，让全班同学看到班主任的处事态度和处理力度，以便纠正学生思想上的不足；如果批评的对象是个体的学生时，场合就宜小。另外，具体

批评篇

121

分析，如果个体对象的行为具有较强的代表性时，批评的场合可稍大；而所批评的内容基本上是个体行为时，场合就宜小。可见，班主任选择场合的大小，不能仅依据批评内容的大小，还应该考虑到批评之后所产生教育效果的理想范围。

有的班主任总结自己多年的工作经验认为，在教育教学过程中，巧妙地运用一对一的方式，在小场合中对学生进行"秘密"批评，能唤起学生的共鸣，起到事半功倍之效。

1."一对一"的方式能调动学生的情感。古人云："感人心者，莫先乎情。"课堂上学生思想"开小差"或做小动作时，教师可以走过去，一对一、面对面地直接提醒他，而不让其他同学觉察。这种举动会让学生在宽松和谐的氛围中感受到教师的真诚，调动起学生对教师和蔼教态的亲近与遵从，激发其学习的积极性和主动性，及时改正不良行为。

2."一对一"的方式可以淡化批评的尖锐性。每个班里都有学习出众的优质生，他们思维活跃、上进心强且学习刻苦，但也有骄傲自满、虚荣自私、心理承受力差等消极心理。对于这类学生的批评，班主任就可以用一对一的方式对他们进行"秘密"批评，淡化批评的尖锐性，这样既能保护其已经建立起来的自尊心和自信心，又能适时地打预防针，未雨绸缪。班主任以尊重、平等的态度，创设了自然、融洽的教育环境，激发学生学习、进步的内驱力，以达到预期的教育目的。

☹ 选好场合，适度批评

教师选择了合适的批评场合，并不意味着就可以对学生进行"大批特批"了。教师还要在合适的场合里把握好适宜的程度。批评若像蜻蜓点水，不关痛痒，就不足以教育学生；若批评过重，伤及学生的自尊，则结果适得其反。究竟批评到何种程度为宜？两条原则：因人而异和因事而异。

1. 因人而异。对于性格内向、自尊心较强的学生，态度不可过于严厉，批评不可过重，批评用语要注意斟酌；对于勇于认错的学生，不可过于责备，对其错误点到为止；对于性格倔强的学生，不可与之正面冲突，一争高低，而应当根据其"吃软不吃硬"的性格特点，对其进行和风细雨式的批评。必要时，教师甚至可以退让一下。

2. 因事而异。如果学生所犯错误是偶然性、轻微性错误，教师可用眼神、手势或幽默性的语言略作暗示即可。如果所犯错误较严重，教师可先留时间让学生自我反思，然后适时进行较为严厉的批评教育，乃至采取适当的惩罚措施。有时学生犯了错误，教师可以不急于挑明，而采用顺应的方式，即先顺应学生的错误做法，同时在某一点上给学生留下启示，令其自省自悟。这样做，常常会收到意想不到的教育效果。

请看一位班主任的教学反思。

【案例现场】

我班有一名学生脾气暴躁，听不进别人的批评。有一次语文考试，他的成绩不够理想，便把发下的试卷中的一道原本答错的题改正确，然后要求加分。我一看那道题，便发现了涂改的痕迹。正当我要发怒时，经验告诉我应当冷静。于是我拿起笔来给他加了分，并在涂改处画上了一道线。当那名学生从我手中接过试卷时，我看了看他，只见他满面通红，显露出不好意思的神色。从此，他便努力学习，终于靠自己的实力考上了一所重点大学。

【案例小结】

案例中的教师进行批评的场合就是那张试卷，也可以说试卷是批评的媒介，这个场合是合适的。在试卷中进行批改、纠错，是教师批评的形式。"我"发现涂改的痕迹，本来要发怒，进行严厉的训斥，但是迅速冷静下来，"给他加了

批评篇

分,并在涂改处画上了一道线"。这是一种无声的批评,也是一种适度的批评,维护了学生的自尊,也达到了批评的效果。

此外,老师在选择批评场合、坚持适度原则的时候,还应特别注意以下几点:

1. 课上问题不当场批评。对于课堂上出现的学生违纪问题,教师千万不可停下课来专门批评。因为这样做会浪费有限的教学时间,又"剥夺"了大多数学生学习的时间,犯错误的学生会因教师的当场批评而感到自尊心受到了伤害,从而滋生对教师的不满情绪,产生逆反心理。

2. 细小问题不当众批评。有些老师不管事情大小,只要学生做错了事,就不分场合地教训一番。长此以往,学生会认为老师的批评毫无针对性和层次性,对老师的教育水平也会产生非议,自然对老师的批评也会产生一种无所谓的态度。

3. 家长在场不批评。有些老师喜欢当着家长的面数落学生的缺点,这样做,容易让学生产生老师在"告状"的感觉,从而与老师产生对立情绪。另一方面,家长作为学生家庭教育的"教师",看到孩子受到老师的当面批评,在心理上也不会很舒服,会本能地抵触,甚至有些家长会认为老师是在伤害学生的自尊,与教师之间产生较深的隔阂,疏远距离。

第七章 言出必果

——批评的话语和效果

第一节 批评话语：充满艺术性，避免随意性

批评和表扬一样是影响群体内聚力的重要因素。班主任对学生进行批评的方式是多种多样的，如口头批评和书面批评、直接批评和间接批评、及时批评和延期批评、个人批评和集体批评、内部批评和外部批评、自我批评和他人批评等等。采取哪一种方式当然要依据具体情况来定，但无论是哪种批评，都要注意到批评话语的使用问题。总的来说，批评的话语要充满艺术性，让学生受到爱与诚恳的感染，要避免随意性，让学生免受无意的伤害。

☹ 批评的一半是爱

教师对学生的批评应以爱心和诚恳作为前提，可以说批评表达的是教师对学生的一种严爱。在对学生进行批评教育时，班主任和任课教师必须要怀着爱心，含着理解，这样说出来的话才易于被学生接受。班主任一定要切记，批评不是主人对仆人的训斥和责备，不是为了把学生搞得灰溜溜的，而是师生之间思想上的互相沟通，所以，教师要有善意，才能让学生心服口服。

有些班主任在和学生谈话时不苟言笑、语气强硬，命令和训斥较多。经常是以命令的语气训斥学生，这也不行，那也不准，应该这样，不应该那样，

批评篇

只有教师自己说了算，绝对没有学生商量的余地。这种尽管是正确的，但却是硬邦邦的、粗暴刻薄的语言，甚至谩骂式的批评往往会使学生产生逆反心理，学生明知有错也不肯向你认错，并且与教师发生争执，不利于教师与学生之间平等的沟通。汉代学者刘向曾说："辞不可不修，说不可不善。"班主任不能不对自己的批评话语进行精心的设计与锤炼，使批评话语对学生心灵的感染力日益增强。

无论是对待何种类型的学生，班主任一定要表现出自己对学生的关爱与真诚，让学生感受到一种体贴之情，引导学生平心静气地认识自己的言行错误，让其鼓起勇气改正。只有通过这种"撼其心"的批评教育方法，才能使学生"信其道"而"改其行"。

在实际的班级管理中，有些班主任对待经常违反纪律的学生往往会有一种另眼看待的倾向，表现出一种不公平的管理态度。比如，在调整座位时，有些班主任就会把一些后进生往最后的角落里一扔。对于这类学生，如果不及时地发现他们的闪光点予以鼓励，而是常常给他们当头一棒，严厉训斥，长此以往，就容易使他们造成自暴自弃的心理。想想我们所面对的小学生毕竟还只是十来岁的孩子，也许一个宽容的微笑，也许一句鼓励的话语，也许一个轻微的触摸，都会使他们的心灵激荡起波澜，树立起学习的信心。所以，班主任对各类学生的批评都应加入爱的养料，让学生在批评教育中得到成长的启迪，而不是备受打击。

苏霍姆林斯基曾经说过："要让每个学生都抬起头来走路。"批评教育虽然是小学教育中不可缺少的一种教育形式，但是在实施批评时，也要让学生感受爱的阳光，让学生能够满怀信心地去纠错，让他们在老师的批评中看到前进的方向。

当一位班主任老师真诚地为学生付出自己的爱心以后，他可以真正地走进每一个学生的内心世界，使自己成为每一个学生的良师益友，使学生能够亲其师，信其言，不会产生敬而远之的感觉。而作为学生，老师对他的爱与关怀会对他影响深远。当他在感受班主任老师对他的爱意与关怀时，他内心真正感受到的还有别人对他的肯定，必然会更加充满信心，努力向上。同时也学会了以高尚的情感对待他人，从而培养了自己良好的品质，因为他们会把这种美好而积极的情感体验迁移到对他人的信任、尊敬、热爱、关心上。在这个时候，作为班主任，他所完成的不仅仅是一项工作，给予学生的，也不仅仅是知识，还有爱，更是富有尊严的灵魂！

请看一位班主任的反思案例。

【案例现场】

班里有个学生，成绩不好，上课还经常违反纪律。我找他谈过几次话后，他纪律方面有所改善，但不尽如人意，随后几天又经常迟到。我火冒三丈，不分青红皂白就劈头盖脸一顿训斥，恰似狂风暴雨夹杂着电闪雷鸣："你为什么又迟到？""你为什么把老师的话当耳旁风？""好学生没有你这样的！"学生几次刚想说话都被我挡回去，看到学生低下头，流着泪，我的心中感觉甚是痛快。以后几天学生闷闷不乐，不再违反纪律，不再迟到，我自以为收到了成效，心中窃喜。

可是不久，学生辍学了。原来由于父母在外打工，他因照顾生病的奶奶而迟到，他几次想说明原因却没有机会，而我本应该调查清楚表扬一番，却一味地批评他。从他那冷漠的眼神里，我看到了无奈，从他那沉默不语的态度中，我意识到了失败，感到了深深的自责与后悔。所以，批评时不是通过粗暴的言语去镇服学生，要以爱心和诚恳作为前提去关心教育学生，才能让学生心服口服。

【案例小结】

案例中的班主任对上课经常违反纪律，并经常迟到的学生进行了严厉的训斥，没有进行细致的调查，也没有给学生表述的机会。后来，学生辍学了。班主任

批评篇

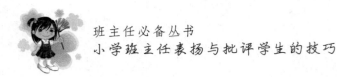

这才知道他迟到的真正原因，对自己用粗暴的言语去训斥学生的行为感到后悔。其实，究其深层次的心理动机，班主任只是为了压制住学生，根本没有想到要用爱心和真诚的态度去关心教育学生，良好动机的缺失也必然导致了批评的失败。

上面的案例也给班主任们这样的思考：既然要用爱心和诚恳的态度去批评学生，那又如何在严爱中把握好批评的方法与艺术呢？有的班主任结合自己的教学实际进行了如下总结：

1. 批评要积极肯定学生的优点。班主任天天和学生打交道，尤其是班级量化考评不理想时，更多的需要批评违纪学生，一怒之下甚至会历数学生的许多缺点，新账旧账一起算，将学生批到一无是处，心灰意冷。苏霍姆林斯基说："教育者的任务在于发现每个受教育者身上一切美好的东西。鼓励他们独立工作，进行创造，获取成功。"所以，班主任在工作中要把握住这样的信念：严爱当头，批评要积极肯定学生的优点，对学生要多表扬，少批评，对犯了错误甚至是很严重错误的同学耐心地做工作。

请看下面的一位班主任用爱心批评学生的做法与心得体会。

【案例现场】

班里有一名父母离异的女同学，特殊的成长环境，加之家长的教育方法简单粗暴，致使她性格很怪癖，不善于交际，同学关系不好，经常因小事与老师、同学发火。有时甚至故意给班干部出难题，在不喜欢的课上恶作剧。

一次竟与班里的一名男生因一点小事闹得不可开交。我找她谈话，让她和这名男生分别说明了闹矛盾的原因，通过各自的陈述，让她认识到问题出在自己的斤斤计较上。我抓住这一个机会，开始做她的思想工作，决定从小事着手关心她，用事实说明学会宽容的重要性。她的体育成绩不错，我就对她体育训练积极、肯于吃苦以及积极参加劳动等优点予以肯定，帮助她重树信心，引导她学会与人相处，鼓励她融入集体。我还要求班干部不计前嫌主动帮助她、关心她、团结她，使她终于有了转变，树立了生活的信心，逐步融入了集体。

诚然，批评教育学生是让他们看到自身的不足，但是更应该引导他们善于发现自身优势与长处，方能扬长避短。只有这样，才能真正教会学生如何学习，如何生活，如何做人。

【案例小结】

案例中的班主任在批评学生的时候，用关爱作为批评的出发点，引导学生认识到自己的优势与长处，从而重新树立起自信，可见，有了爱心与诚恳的情感支撑，班主任才能在批评中积极肯定学生的长处，有利于从正面引导学生。

2. 批评学生应持有爱心。有些小学生因为各方面的原因，行为习惯较为散漫，在家里就表现得随意放纵，在学校、班级里更是违纪不断，给班级管理带来不少麻烦。对于这样的学生，班主任与其去大声地训斥他们，倒不如找他们谈话，让他们自己找出自身不足以及违纪的根源所在，千万不能因为他们给班级管理添乱、添堵，而对他们厌恶、歧视甚至恶语相讥，那样做的结果只会导致师生间的矛盾越为激烈，学生也会我行我素，破罐破摔。苏霍姆林斯基说："要成为孩子的真正教育者，就要把自己的心奉献给他们。"这句话点出了教育理念的精粹，即教师只有倾注全部爱心才能感化学生。

请看一位班主任的反思案例。

【案例现场】

在我的班里有一位学习和行为存在严重问题的学生叫小李，他在一年级时就经常挨老师和家长的批评，遭同学嫌弃，现在上六年级已经有点自暴自弃的想法，故意表现出对什么都满不在乎，家长也对他不抱任何希望，只求他不惹事。我很清楚，这样的学生内心很痛苦、很无奈，实际上他内心深处更渴望得到老师的关爱。

在一个隆冬的早晨，他迟到了，他想，这下可要被狠狠批评一顿了。出乎他意料，我并没有疾言厉色地责问他，而是和颜悦色地询问他迟到的原因。当我了

批评篇

129

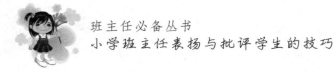

解到他的父母都还没有起床,他连早饭都没有吃就赶到了学校之后,我受到很大震动,心情久久难以平静。我批评他不该迟到,但又表扬他有较强的自理能力,课间买了面包让他吃,鼓励他学会自理、凡事早行动。他深受感动,在以后的很长一段时间里进步很大。但是,学生的进步难免是有反复的,虽然这位同学仍有违纪现象,但我从中深深地体会到:"这样的学生就像体弱的树苗,更需要我们班主任给予更多的阳光,更多的呵护,更多的关爱,不断教育,耐心细致地做工作。用自己的爱心、耐心和恒心去唤醒一个孩子的上进心,从而促使他们感受到老师的关爱,不断进步。"

【案例小结】

案例中的班主任对小李的迟到并没有疾言厉色地责问,而是和颜悦色地询问。在得知迟到的真正原因之后,班主任在批评的同时又表扬他有较强的自理能力,并在课间买了面包让他吃,鼓励他学会自理。这一充满爱的举动,使小李深受感动,不但接受了班主任的批评,而且在以后的很长一段时间里进步很大。

3. 批评方式应因人而异。"只有教师关心人的尊严感,才能使学生通过学习而受到教育。教育的核心就其本质而言,就在于让儿童始终体验到自己的尊严感。"(苏霍姆林斯基语)心理学的测量表明:"一个小孩从出生之日起,便开始具有了多种潜意识,其中包括受人尊重的本能。"这些都说明了尊重学生的重要性。毋庸置疑,作为班主任对学生的严格管理是必要的,但若在批评教育时讽刺、挖苦、奚落甚至辱骂、体罚,这与严格要求是格格不入的。批评应当是善意的,特别是对屡犯错误的同学,应进行细致恰当的批评。总之,批评的艺术应是"严格与善良、严格与尊重、严格与理解、严格与关爱"的有机结合。学生对教师的批评感受到的不仅是合乎情理的严格,而且是充满人情味的关切。只有做到这些,才会起到事半功倍的良好育人效果。

请看下面的一则案例。

【案例现场】

早上，我随便翻了翻刚收上来的作业本，发现有部分同学昨天的作业没能全部完成好，留着刺眼的空白，我感觉心里一沉，于是开始逐本检查，神色渐渐严肃起来。不久，好几个"滥竽充数"者被我当场揪出："做什么作业，居然把没做完的都敢交上来！"我逐一把半途而废的作业本退给同学，共五位。更可气的是这五位，昨天默写都不过关，居然一个都没去我办公室里重新默写。于是我忍不住又把那几个"问题分子"狠狠地批评了一顿……

中午过后，我在办公室批改今天的语文默写。鉴于期中考试将至，我每天都布置学生回家复习一部分内容，或者是词语诗歌，或者是课文内容，晚上温习后第二天默写。不少同学做得不错，字迹工整、保质保量，但还是有一部分同学敷衍应付。更让人气不打一处来的是那五个学生又如往常一般，非但不订正上回默写中出现的错误，而且还变本加厉地根本没将今天的默写当回事，本子上只有几个字，大多数内容默写不出，显然回家书角都没翻。联想起早上的情景，我开始恼火了，想想期中考试快到，拖不得，得快刀斩乱麻！

第四节课后，我当众宣布，那五位同学因语文默写及作业没完成留下！接着，我把这五位战战兢兢的学生叫到一块儿，我脸色阴沉，目光犀利，了解了他们没完成作业的原因后，我想我得杀鸡儆猴了。看看这五个人中，小徐是属最丢三落四的，讲得不好听点叫"惯犯"，我拿过他的本子，迄今为止，他的作业本上全是鲜红的叉，打勾的地方是少之又少，本子的外皮也已是破破烂烂的。于是，当着其他几个人的面，我缓缓地撕下这张纸，反复折撕最后成碎片，奋力一扬，化成片片碎蝶飞舞于空中……

我开始疾言厉色，我知道一位很少批评学生的老师，突然严厉地批评一次，不需太长的时间，拉下脸来，五分钟足够达到良好的效果。这几个同学面面相觑，一副不知所措的样子，我不多说，只提三点要求：1. 补全作业；2. 今天留下

批评篇

131

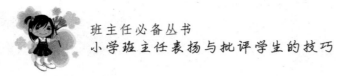

把默写本上所有的错误订正完了再离开；3.回去把该背的书认真背完了，请家长签字后第二天交给我。然后，我径直离开教室……

第二天，我早早到校，其中有四位同学已将作业补好并连家长签字一起交到我办公桌上，但是小徐的作业却没完成好。我要他放学后留下来补完。语文课上，我重申作业的重要性，对全班学生讲明懈怠对待学习的危害性，要求全班同学引以为戒。

放学后，徐同学一个人独自坐在教室里写着，我作陪到天渐黑……

这几天我不断在反思，知道了沉病用猛药的道理，作业交不齐、质量低的现象在我班会阶段性地发生，对此顽症当头棒喝，抓住典型杀鸡儆猴，对其余蠢蠢欲动的后继者将会有巨大的震慑作用。

但在反思中，我又很惭愧，比如"撕纸"、"父母签名"、"留到天黑"等行为似乎与我的教育新理念相冲突，它不该在我的教育中出现啊！教育需要批评，但我的分寸把握是否过了一点呢？作为一名教师，我也许有一千个理由埋怨工作的不顺利，也许有一千个理由责怪学生的不懂事，但是我没有理由不相信爱和宽容是最好的教育，没有理由不相信孩子的纯洁、真诚、勇敢是教师最丰富的精神财富。我想，幼小的心灵更需要温暖和爱的安抚，用一颗平常心去感受学生，面对学生的调皮和不合作，试着用耐心的教诲来感化他们，多一些善意的微笑，也许我们会收获别样的果实。

【案例小结】

案例中的"我"对自己所采用的批评方式是很矛盾的，一方面"撕纸"、"父母签名"、"留到天黑"等方式，确实起到了巨大的震慑作用，但另一方面，这些行为又与"我"心中的教育新理念相冲突，认为"幼小的心灵更需要温暖和爱的安抚"。那么，到底孰是孰非呢？

目前更多的老师倾向于赏识教育，认为只有赏识教育才是对学生的爱。其实不然，从某种程度上讲，赏识教育是一种逃避教育，一种对学生不负责任的教育。在许多学校，老师们谈"罚"色变，更是视惩罚为体罚，批评教育被忽略，被打入了教育的冷宫，但事实上，适当的合理的科学的批评教育将会弥补赏识教育的不足，对学生的各个方面的发展起着一定的积极作用。所以说，批评教育也是一种爱，但必须掌握好"度"，坚持适度原则。

现在反观案例中"我"的做法，其实并不矛盾，适度的批评教育是必要的，但批评的同时要伴随爱的安抚，使爱与罚相辅相成，相得益彰。

4. 教师在批评时应自我反思。有时候，学生出现的错误或问题与教师的过高要求或不完备的指导有很大的关系。在对学生进行批评前，教师应反思自身，客观地评价出现问题的学生的表现，并向学生做真诚的道歉。这样，既公正地确定了责任，保护了学生的自尊心与积极性，又表达了教师坦荡的胸襟，赢得了学生的尊重。

请看下面的一则案例。

【案例现场】

有一次，我问全班同学：谁愿意负责管理班级钥匙，每天按时开门？班里很多人举起了手，我注意到一个平时总爱迟到的学生也举起了手。心念一动，我决定把钥匙交由他保管，不料其他学生纷纷表示反对。我问他："你能保证按时给大家开门吗？""能！"他拍着胸脯说。第二天一早，我到班级门口一看，哇，全班同学都在门口等着呢！而上课铃已经响了。

又过了5分钟，拿钥匙的他才满脸通红地跑来。学生们都在指责他，还抱怨说不该让这样一个总迟到的人保管班级钥匙。大家都看着我，他似乎也在等着我的严厉批评。见此情形我说："这事不都是他的错，我也应该负一定的责任。我应该多配几把钥匙，这样就算他迟到了，也不至于影响大家进班级上课。另外他也是第一次保管钥匙，没有经验，难免会有失误的时候。我相信他，钥匙还由他继续保管。"

批评篇

133

这番话对他的触动非常大,明明是他的过失,我却主动检讨了自己的错误。从此以后,这个孩子在家里定上了两个小闹钟,每天都早早地来学校开门,再也没迟到过。

【案例小结】

案例中"我"指定拿钥匙的同学在第一天就迟到了。学生们都在指责他,并等待"我"对他的严厉批评。而"我"却主动检讨了自己的错误,坦诚地承担了责任,并表达了对那位迟到同学的信任,让他继续保管钥匙。这样,就很好地保护了那位同学的积极性,给了他改正的机会,果然,那位同学再也没迟到过。

☺ 批评应采用的语言方式

批评时,究竟哪种语言方式才是合适的呢? 要解决这个问题,班主任就要充分了解学生,根据学生的不同特点采取不同的批评语言方式。一般来看,可以分为下面的几种情况:

(1)对于有惰性、依赖性强的学生,批评时应用严厉的语气,措辞尖锐,语调激烈;

(2)对自尊心较强的学生,批评时要"留一手",语气温婉含蓄,蜻蜓点水、点到为止,使对方慢慢适应并接受,这样不会出现谈不下去的现象;

(3)对自尊心不太强、脸皮厚一些的学生,有时需要点名道姓击中要害,所以语气也应严厉,让其反省,让全班同学监督、帮扶,使其改正自己的错误;

(4)对盲目性较大、自我觉悟性差、但易于教育的学生,教师应借助他人的经验教育,用充满期待的语气详细地说出批评内容,使被批评者感到这种压力,促其反省;

(5)对善于思考、性格内向、各方面比较成熟的学生,批评时最好以提

问的方式,即有针对性地提出问题,让他们自己思考、自我觉悟、自我改正,学生自然会意识到自己的错误,并逐渐加以改正;

(6)对自暴自弃、性格倔强、容易激动的学生,应采取冷处理、商讨式的批评方式,平心静气地使其在一种友好的气氛中自然接受批评意见;

(7)对情绪抑郁、反应速度慢、学习虽然努力但成绩不太好的学生,则要特别有耐心,用平缓的语气进行批评指导,可指出学生改正的方法,并帮助其树立信心,严防急躁;

(8)对积极上进、但盲目自大、爱耍"小聪明"的学生,多采取含蓄的语气,用暗示和提醒的批评方式;

(9)对错误严重或企图隐瞒错误的学生,要采用旗帜鲜明、语气严肃的"触动式"批评,等等。

在实际的班级管理中,班主任们发明和实践了多种行之有效的批评语言方式,例如幽默式批评、无痕的批评、模糊式批评、结合教材批评法以及刚柔相济式批评等,下面一一进行介绍。

1. 幽默式批评。这种批评方式就是在批评过程中,使用含有哲理的故事、双关语、形象的比喻等,缓解批评的紧张情绪,启发被批评者思考,增进师生相互之间的感情交流,使批评能有一个轻松愉快的气氛。幽默式批评在于启发、调动被批评对象积极思考。它以幽默的方式点到被批评对象的要害之处,含而不露,令人回味无穷。但是,使用幽默式批评不要牵强附会,生拉硬扯,否则,将适得其反,给人一种画蛇添足之感。

请看下面的几则案例。

【案例现场】

案例一:

中午,我在班级里检查卫生值日的清扫情况。这时,一位同学打球回来,双

135

手捧着篮球，"嘭"的一声，一脚踢开教室门，响声引来了大家的注视。我向那位同学招招手，他红着脸走了过来。我说："你能不能'温柔'一点？"在场的所有同学都笑了，他也不好意思地说："老师，下次不敢！下次不敢！"后来，那位同学对我说："老师，那次批评很幽默，我终身难忘，现在我开门的动作特别'温柔'。"

案例二：

在一次自习课上，班上一名同学在做题时，竟然在鸦雀无声的教室里高声唱起歌来，同学们都眼睁睁地望着我，只有坐在第四排的张同学低着头，脸红红的，我猜想一定是他惹的祸，我本想训斥他一顿，但又觉得不妥。因为他的表情已经告诉我，他明白自己错了，何况他的举动不一定是故意的，如果我简单地批评他，会损伤他的自尊，使之产生逆反心理，也使本来紧张的气氛更加紧张，后面自习时间也许就浪费了。想到此，我轻松地说："我们这位同学的歌声很美妙动听，不过现在不是放声高歌的时候，等有机会了，我们欢迎这位同学为我们高歌几曲，好吗？"接着教室里又是一阵笑声，这样既缓和了紧张的气氛，保证了自习的效率，又教育了张同学。放学后，没等我走出教室，张同学就来道歉了。

案例三：

在一次班会上，我针对个别学生做值日不认真甚至不做值日的现象，来了个正话反说："同学们，最近我班涌现出了一批颇具爱心的学生，他们扫地时总是轻描淡写，可谓扫地不伤蝼蚁命；还有些同学，总是让清扫工具静静地躺在工具箱里，不忍心让它们沾染半点灰尘，更可谓菩萨心肠。大家说，这些同学不值得表扬吗？"学生们忍俊不禁，哑然失笑。在笑声中，那些不爱做值日的同学羞愧得满面通红，深深地埋下了头。这种幽默诙谐的批评，比直截了当的批评更能为人接受。

案例四：

有一位老师很幽默，他的批评简直就是艺术。那是在一次数学考试之后，他发现班上的女生普遍考得比男生好，男生在最近的学习表现得不够努力，被最近流行的一种叫"烟卡"的自制纸玩具所吸引，影响了上课的听课注意力。于是，这位老师就在班会上给大家讲了个故事："昨天我做了个梦，梦见我的老师在课堂上问我，来生当男生还是当女生，我就回了一句：当女生！我的老师就问我，为什么？我就说，男生与女生下棋时，要是女生赢了，她就会立刻被大伙称为女才子，要是输了，人们也不会责怪她；可男生就惨了，要是他下赢了，肯定没人说他是男才子，可要是下输了，人们又立刻说他是个大草包。天啊！亏不亏！"听到这个奇怪的梦，大家全都笑出了声，而他也就从从容容地接着说："不过今天我不说梦，而是要表扬咱们班的女生，为什么？因为她们考得好，超过了男生！这说明，不仅下棋，考试也一样，女才子特别多！因此，我既要为我们班女生们的胜利而骄傲，也要为我们班男生们的谦虚而骄傲！"哄的一声，大家又一次快活地笑了！女生们笑，是因为老师在夸她们；男生们笑，则是因为老师的妙侃是对自己的一个极巧妙的批评！

【案例分析】

案例一中，班主任用"你能不能'温柔'一点"的幽默话语委婉地批评了踢门的同学，使同学顺利地接受了批评，以后开门总是很"温柔"；案例二中，班主任用"赞扬""歌声美妙"的话语，批评了上自习课随便高声唱歌的同学，使他在放学后主动找老师承认错误；案例三中，班主任用"颇具爱心"正话反说地批评了值日不认真的同学，令这类同学在同学们的哑然失笑中羞愧地低下了头；案例四中，班主任讲了一个幽默故事，自然地引出本次的考试情况，在大家的笑声中，表扬了女同学的进步，也批评了男生在最近学习中的不努力现象。可见，幽默式的批评能取得比严厉式的批评更为轻松而深刻的效果，也易于被学生接受。

【案例小结】

班主任在批评中发挥幽默的作用，不仅是含有笑料，使人轻松，更重要的

批评篇

137

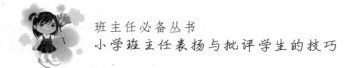

是，它含蓄、深沉和犀利，使学生在哈哈一笑或啼笑皆非之后，有无穷的回味和智慧的启迪，并且受到一定的教育。班主任在工作中，恰如其分地运用幽默风趣的批评方式，能在班级营造宽松和谐的心理氛围，从而收到事半功倍的教育效果；在不挫伤学生自尊心的前提下，幽默风趣的批评比粗暴的训斥更胜一筹。

2. 无痕的批评。这种批评是指在批评的过程中，教师将批评的意味隐含在语言之中，虽没有直接批评的字眼，但是却准确地指出了学生的错误和问题，起到批评的目的，能很好地保护学生的自尊心。

一说到批评，有人认为似乎只有声色俱厉，才显得威严而有力。事实上，很多时候，这种批评并没有收到预期的效果，有时甚至适得其反。俗话说：良药苦口。批评，就是一剂苦药，有时是一剂学生不得不服的苦药。这剂苦药包容了教师多少望生成才的良苦用心和无奈心情。但这苦心并不一定能为学生体察到，怨恨、误解、抵触等消极情绪反而不同程度地存在着。所以，这就要求班主任和任课教师在批评学生时，要使批评之言贴切中听，适当包装一下自己的批评之语，变得含蓄深沉，化为无痕的批评，达到春风化雨、润物无声的效果。

批评学生不在于语言的尖刻而在于形式的巧妙，其关键是朦胧、含蓄。俗话说："有容德乃大，有忍事乃济。"要做到无痕的批评，容忍是班主任应具有的最重要的素质。容忍不是纵容，是创造一个无痕的契机，是让学生摆脱"无地自容"的处境，从而拥有一个改正缺点的广阔空间。

请看下面的一则案例。

【案例现场】

一次，魏书生老师讲公开课，一位学生将蔡桓公念成了蔡恒公，引起了哄堂大笑，怎么办？魏老师说："我发现这名同学有了进步，他开始独立思考问题了。桓和恒是形近字，上课时，该同学没听课，这是他的错，但他能根据桓字的字形，想到恒字的读音，这说明他进行了一番独立思考，而不是遇到不认识的字就不读。如果他经常这样思考问题，肯定会有大的进步。"

魏老师对学生的批评如同武林高手"踏雪无痕"一样，于平静舒缓中显示出他的强大威力。苏霍姆林斯基说："造成教育青少年的困难的最重要的原因，在于教育实践在他们面前以赤裸裸的形式进行，而处于这个年龄期的人，就其本性来说是不愿意感到有人在教育他们的。"

【案例小结】

案例中，面对学生的严重错误，魏老师指出了问题，但并没有着力于批评，而是将批评化入了鼓励与期望。正是在这种无痕的批评中，学生理解了什么是尊重，什么是理解和平等；体味到了独立人格的尊贵和老师的拳拳之心。

苏霍姆林斯基的话提示班主任们在批评教育孩子的时候，最好的做法是不让学生意识到教师是在批评他们。无痕的批评，不伤害学生的自尊心，不丢学生的面子，因此，它不会引来抵触情绪。批评无痕，润物无声。虽然无痕却有着惊心的力量，于无声处听惊雷，在心与心愉悦和谐的感应中，学生醒悟了；在心与心的碰撞中学生的思想升华了，学生的灵魂净化了。批评无痕，它是老师一个善意的微笑，是老师的一束关注的目光，是老师一句鼓励的话语。

无痕式的批评之所以在小学生的教育中值得大力提倡，还在于小学生自身对事物的敏感度和不准确的判断。敏感的学生对直截了当的批评是十分抗拒的，特别是他们对班主任的批评产生误解的时候，对立情绪就更为明显。所以，在处理这类学生的过错时，班主任可以间接地提醒他们注意错误，这样做会取得比直接责备更好的效果。

再看下面的一则案例。

【案例现场】

刚上小学一年级时，班上很多同学都不知道做值日生的责任，所以有一个

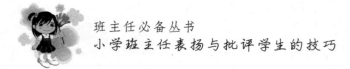
星期无人打扫班级卫生。面对满地的纸片和其他垃圾，班主任老师没有对学生进行严厉的批评，只是向大家说："今后一周我做值日生。"于是，每天放学时，他们就会看到老师在打扫教室，摆正桌椅，关好门窗等。看到老师一丝不苟打扫卫生的情景，特别是看到老师微微出汗的额头，学生都在心里明白了做值日生的责任。以后再让他们值日时，他们都按照老师的做法来做，大家都做得很好。就这样，他们在没有受到老师批评的情况下学会了做值日生。

【案例分析】

案例中老师的这种做法非常明智，虽然老师没有批评他们，但是通过自己的以身作则，用无痕的批评，甚至可以说是无声的批评，让不做值日生的同学知道了如何去做才是对的。对于小学生的教育，不仅要言传，更要身教。在工作中，班主任不妨运用以身作则的方法，暗示学生改变错误的行为。

3. 模糊式批评。对于个别初犯且所犯错误较难避免，连班主任自己也认为应该给其机会的学生，可采取模糊式批评。比如，在班会上，班主任可以对事不对人地讲："我们班要整顿自习课纪律。最近一段时间，大体上说我们班的纪律是不错的，但有个别同学表现较差，有迟到早退、自习课随意说话的情况……"这里就用了不少模糊语言，如"个别"、"有的"等。这种方式既照顾了一些学生的面子，避免了点名批评的尴尬和对抗，又指出了问题所在，引起相关学生的注意。但是这种模糊式批评，由于批评的对象较模糊，有些学生的关注度就可能不会很高，所以班主任在使用模糊式批评之后要积极关注存在不良现象的学生，看看他们是否对老师的批评予以接受，是否有所改变。如果效果不明显，班主任还要及时跟进，个别化地对待不同学生在批评之后的表现。

4. 结合教材批评法。在教学过程中，如果能利用教材的思想内容，抓住时机，将教书与育人结合起来，做到教中有育，育中有教，在传授知识的过程中渗透思想教育,对学生进行批评教育,会收到意想不到的效果。

请看下面的一则案例。

【案例现场】

长春版小学四年级语文课本里有一篇课文,题目是《看不见的爱》,主要记叙了一位母亲不断无声地鼓励失明的孩子练习用弹弓打玻璃瓶并最终成功的故事,表达了深沉的母爱。在讲完这篇课文之后,我设计了一道自由发挥题:请用简洁的语言讲一件父母关心爱护你的事。我有意让班上一位家境贫寒,父母较重视他的学习,但他又不努力学习的学生来回答。他说他的母亲也曾像课文中的母亲一样不断地鼓励他好好学习,只要有时间,晚上都会陪着他写作业。妈妈为他做这些事一直令他很感动。我又趁热打铁,追问他:"父母对你有那么高的期望,你是否尽心学习了呢?"他羞愧地低头无语,醒悟到了老师的醉翁之意。其他同学也恍然大悟,会心地笑了。这样因势利导,顺水推舟,学生们在不知不觉中愉快地接受了批评教育,心悦诚服,效果显著。

【案例小结】

案例中的教师利用课堂学习的机会,让学习不努力的学生回忆自己的父母对他的期望和为他所做的事情。由于有了教材的学习作为批评教育的铺垫,再引导学生联系自己的生活实际加以反思,就较容易达到深刻教育的目的。

5. 刚柔相济式批评。大部分的小学生是遵守纪律的,但是有极个别学生非常淘气,常常在课堂上捣乱。面对这类学生,有的班主任总结了刚柔相济的"两步批评法":第一步是"镇",即以严肃批评"镇"住他们,此时如果对他们的态度稍软,会导致他们得寸进尺,认为老师软弱可欺,会影响教育的效果。第二步是"理",以理服人。学生上课时犯错,下课后再到办公室接受批评,往往在内心产生一种逆反心理,如果此时再严厉批评,会使这种逆反心理加重。因此,班主任在课下应和颜悦色地指出问题的实质,说明

批评篇

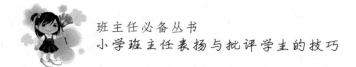
道理，让其知道老师为什么这么严，从心理上认识到自己的不对，理解老师的批评。这种刚（镇）与柔（理）并用的批评方式，往往会被调皮的学生所接受。

此外，班主任在批评的过程中，还要注意学习和掌握一些语言技巧：

1. 恰当连接，用意明确。汉语的词汇丰富，一句话里的关键词的不同往往就会造成整个句子意思的改变。许多班主任习惯在批评学生前先诚心诚意地表扬对方，接下来用一个转折词，下面就是一大通批评。比如，一个老师对一个学生说："你这学期的成绩有所提高，我真为你高兴。但是，如果你的英语不偏科，在上面多下点功夫，那会更好的。"在这种情况下，那学生在"但是"之前接受的，在"但是"之后他就会开始对老师表扬的诚意产生怀疑了。甚至认为，表扬只是一种策略，目的却是对他偏科的批评，从而引起学生的反感，这样就达不到我们批评的目的，并且让学生产生曲解。所以，在批评时应尽量少用转折性的连接词。班主任可以这样说："你这学期的成绩有所提高，我真为你高兴。下学期你要继续认真努力，不但你的成绩会继续提高，而且你的英语成绩会像其他科目一样好的。"这样，他会接受老师的话，因为后面没有说出他的失败，而又间接提醒他应注意的问题。所以，建议班主任在批评学生的时候，所使用的语句连接词尽可能把转折关系转化为递进关系，这样效果会更好。

2. 多用肯定，少做否定。班主任对学生的教育应多用肯定、启发、开导的语言和语气，不用或少用不能、不行、不准等否定的语言，如果一味地否定只能扬长而达不到避短，单独的否定会使教育帮助收不到最佳的效果。因此，在面对任何一个学生个体和整体教育时，肯定和否定同时并用，会收到意想不到的效果。

请看一位教师的反思案例。

【案例现场】

记得我教过这样的一个学生：该学生在学习上比较主动，但是小毛病也不少，自习课上好说话，课堂上好接话，有时对老师的教育和帮助不虚心接受，从而引起任课老师的不满意。在发现问题和了解情况后，我主动找到他，心平气和地说："来，我们两个好好谈一谈！"我和他谈了每天上学的目的和意义，如何设计自己每天的学习生活，如何不辜负父母的期望。此时的他很诚恳地对我说："老师，我已经比以前好多了。""我知道，你比以前有进步，但是距离一名优秀学生的要求是不是还有一定的差距呢？"他低头不语。我趁机说："一句广告词说得好：'没有最好，只有更好'，我希望今后你能更严格地要求自己，不断地提高和完善自己，在各个方面取得更大的进步。"我的话得到他的认同和接受，他也在慢慢地发生着改变。

【案例小结】

案例中的班主任就使用了"多肯定，少否定"的批评语言，"我知道，你比以前有进步，但是距离一名优秀学生的要求是不是还有一定的差距呢？"既肯定了已有的进步，又指出了存在的问题，语言含蓄，给学生以反思的空间。

3. 表情渗透，适当发怒。老师的面部表情是一种无声的语言，是学生洞察老师心灵、性格的窗口。正确运用表情渗透，因势利导，会对工作效果起很大作用。如上课时，有的学生思想开小差，不认真听讲，有些班主任和任课教师不是点名批评，而是向其投去责备而关注的目光，学生从中感受到的有责备也有关怀。既点出了错误，又尊重了学生的人格。特殊的眼神，被犯错误的学生读懂了，并触及内心，犯错误的同学所感受到的，不仅有内疚，也有感激。在渗透了情感的面部表情之外，再附以一句轻声的提醒，所起到的教育效果是非常深刻的，"润物细无声"。有的时候，教师在面部表情中可以表现出适当发怒，其目的是给学生以严厉的警示，让学生在教师未开口批评之

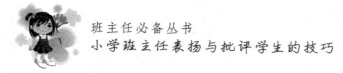

前就意识到问题的严重性。

4. 有理有节，防止对立。批评学生时要摆事实，讲道理，入情入理，以理服人，班主任要努力做到口气温和，态度和蔼；对存在的问题，要与学生平等商讨，消除对抗；对做事不完善的学生要进行正面引导，多加勉励。同时，班主任和任课教师也要严于律己，在批评时多与学生进行"心理换位"，设身处地地考虑学生的感受。所使用的批评语言，绝不能挖苦讽刺，乱扣帽子，更不能随意责骂，造成对立。

请看下面的一则案例。

【案例现场】

我到某校听课，偶然遇到这样一件事：课堂上老师正讲得高兴，突然，他发现教室最后一排竟然有位学生在呼呼大睡。老师叫起该生罚站，并提高了嗓门说："课堂上能够不受干扰，安然入梦，你还真是厉害啊！"该生羞愧地低下了头。那位老师却不依不饶，因为学生名字中有个"松"字，他就说了一句："好白好胖好高大的一棵松啊！"一语既出，全班大笑，该生当场就与老师顶撞开来……

同样的事情，也发生在另一位优秀的教师身上，他当时是这样处理的：他脱下自己的外衣披在打瞌睡的学生身上，那个学生一下就惊醒了，老师语重心长地说了一句："教室里睡觉很容易感冒，小心不要着凉了……"那位学生感动不已。面对同样的尴尬，一个"极尽挖苦"之能事，弄得师生关系僵持；另一个则化"冷"为"热"，善意地提醒学生改过。不同的批评语言，自然导致两种完全相反的结果。

【案例小结】

案例中第一位老师的批评看似含蓄幽默，实则是讽刺挖苦。现在的小学生对教师的讽刺语言大多能很快地理解其真正意图，同时对这种讽刺语言的抵触情绪也更为强烈。老师甚至拿学生的名字开玩笑,自然会造成师生之间的对抗。而案例中另一位优秀教师的做法,则让学生感动不已,不但达到了善意提醒学生改过的目的,而且令师生之间的关系更为亲近。

可见,班主任和任课教师对自己的批评语言一定要妥善设计、慎重使用,既要有理有节,又要防止学生与老师之间产生对抗情绪。

😔 批评的切入方式

班主任批评学生时,即使自己说得非常正确,也常会遇到学生的顶撞与对抗,很多老师对此难以理解。为什么会出现这种情况呢?这是因为:学生犯了错误后,他或多或少都可以为自己找点"正确"的理由,加上犯了过错后,他的防范心理特别强,就像一座防范坚固的堡垒。教师如果不好好地寻找突破这个堡垒的薄弱点,学生当然听不进你的正确批评。因此,要取得批评的良好效果,不单纯地决定于教师讲得正确与否,很大程度上在于教师是否找准了"切入口"。切入口找准了,犹如庖丁解牛,得心应手,毫不费力。

那么,批评的切入口应选在哪里呢?一般认为,应选在学生最容易明白自己错了的那一点上!这一点不在学生过错的大小上,而在学生能不能立即"明白"自己错了。只有让学生自己明白了错处,他才能减少戒心,消除抵触情绪,静下心来听你的话,并反思自己的所作所为。这时,教师才能循序渐进,做下一步的工作,才能不断扩大战果,达到预期的效果。要不然,你拿着批评这把"利剑",横冲直撞,乱劈乱砍,不是砍在学生的牛角尖上,使他与你产生对立,就是砍在牛尾上,不得要领。例如,一个学生因与另外一个同学产生矛盾而动手打人,对于这样的事,如果班主任一开口就批评打人怎样不对,学生就很可能气鼓鼓的,听不进你的批评,而如果先讲他有事为什么不和老师说,他就很容易明白自己的错误,就会静下心来听你的批评。

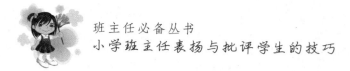
可见，批评只有抓住学生最不能占理的"薄弱点"进行突破，然后"乘胜"追击，才能取得事半功倍的效果。

有的班主任结合自己的工作经验，总结了以下几种批评切入方式：

1. 从批评自我切入。在批评学生之前，班主任可以先谈一谈自己从前做过的错事，谈一谈现在自己对这件事的认识及悔恨，一方面可以为学生提供活生生的例证，让学生从例证中认识到犯错的严重后果，另一方面也给学生一定程度的认同感，拉近彼此间的心理距离，营造出坦诚相见的良好批评氛围，从而使对方更容易接受。请看下面的一则案例。

【案例现场】

有一次大扫除，我要求学生认真劳动，然后就回办公室了。我原以为这样学生定能很好地完成任务。谁知检查结果，我们班得了年级最后一名。当我知道结果的时候，第一反应是愤怒，恨不得把全班学生骂个狗血喷头，但当我冷静之后，觉得学生不认真的问题还出在我督促不到位上。当天，我心情沉重地向学生宣布了检查的结果，并向全班学生做了自我检讨："这次劳动我有责任，是我没有及时检查，不怪同学们。"听我这么一说，同学们都惭愧地低下了头。紧接着，我说："结果是既成事实，我们要从中吸取教训，团结一心，全力做好学校安排的其他工作，争取在下次活动中取得优异的成绩！"在我的激励下，群情激昂，在以后的活动中，全班同学表现出的团结拼搏精神令我感动。

【案例小结】

案例中的班主任对于学生不认真劳动使卫生结果不理想的这一件事，没有批评学生的问题，而是做了自我检讨，指出自己的问题，向学生做自我批评。这种切入方式，就非常容易打动学生，因为老师真诚的认错态度，极为容易感染学生，使其深刻反思自身存在的问题。

2. 从批评前的表扬切入。批评需要营造适宜的氛围，在冷冰冰的气氛里很难收到良好的批评效果，而所有的学生都希望老师认可自己，承认自己的价值。如果在批评之前先表示对对方某一长处的赞赏，肯定对方的价值，满足其心理需要，那么就能够制造出较好的气氛，一方面削弱批评本身让人难以接受的程度，另一方面也使学生不致产生逆反心理。

【案例现场】

班上有这样一位"问题"学生，在班上是一伙不思进取者的头儿，经常自习起哄。我找他谈心，先指出他说话算数、有能力、有威信等长处后，对他说："如果你不仅仅是团结那几个哥们儿，还真诚地团结全班同学，在全班同学中树立威信就好了。"结果，那次谈话后，他竟判若两人，带领哥们儿在班上做好事，积极上进，后来被我任命为班干部。

【案例分析】

在案例中，班主任在表扬之后进行批评，由于准确地使用"不仅……还……"这一递进关系的连接词，使批评易于被学生接受，达到了批评教育的目的。

3. 从今昔成绩的对比切入。有些同学之所以学习止步不前，甚至下滑，是因为满足于已有成绩，不愿继续超越自我，特别是有些小学生在取得成绩之后，容易骄傲自满，又受到家长的过分夸奖，虚荣心迅速膨胀。对于这类小学生，班主任可以先谈一谈他们过去的成绩与辉煌，再谈一谈眼下不尽人意的表现，通过前后对比，使他们意识到目前的处境而奋发努力。请看下面的一则案例。

【案例现场】

有一位同学聪明机灵，但转校之后，由于父母忙于生意，对他的管教放松了很多，他又缺乏自制力，在家里上网玩游戏的时间渐渐增加，后来竟有了"网瘾"，对学习的兴趣和热情大大降低。期中成绩一下来，他立刻就傻了眼，这次成

批评篇

绩是他以前从未有过的最差的成绩。我就利用此次成绩公布之后的机会，与他谈话。首先谈及他在以前学校的学习生活，他一下激动起来，描述他昔日的成绩，再谈及他转校之后的学习生活，他仍然非常的骄傲。正当他沉浸于昔日成绩时，我适时引他回到现实，让他明白，成绩只代表过去，无法代表未来，凭着自己的努力，现在完全可以找回昔日的荣耀。听罢，他有所醒悟，以后，精神面貌大为改观，对学习投入的精力也渐渐增加了。

【案例小结】

案例中的班主任利用期中成绩公布的机会，找该名同学谈心。先谈他以前的学习表现，引起学生美好的回忆，激起斗志，然后引到现在的状况，引起反思，让学生明白要凭自己的努力去取得更好的成绩，找回昔日的荣耀。这种今昔对比式的批评教育，实质是引导学生对自身进行纵向的思考，重拾成功的体验，进行能力和兴趣的唤起和迁移，以达到用自身教育自身的目的。

4. 从用真挚的亲情引发对方自责切入。发现对方犯了错误后，不去直说这种错误本身，而是通过富有真情的语言引发对方情感的震荡，在震荡中思索与自责。在批评的话语中，班主任可以用父母的口吻对学生进行批评，充分表达期望与失望的情感，让学生在受批评时感受到教师给予他如父爱母爱一般的亲情，也可以引用父母对孩子关爱的事例来唤起孩子对自身错误言行的反思。这种切入方式，对一般的小学生都可以使用，特别适用于对父母有强烈依恋的孩子，比如单亲家庭的学生和留守家庭的学生。

但班主任在使用这种切入方式时，一定要对学生的家庭情况有较深的了解，清楚地掌握学生对父母的信赖程度以及父母对学生所做的较为感人的事例，用具体的事例来切入。如果学生与父母之间长期存在隔阂，或是某一阶段内存在沟通上的问题，班主任就要慎重使用这种切入方式，因为孩子对父母的不好印象一时无法改变，对亲情的观念淡漠，用亲情的话语和话题就很难打动孩子的内心，甚至会对班主任产生误解，认为老师是在帮自己的父母说好话，无法理解自己的内心世界，这样反而会加大师生之间的心灵距离。

5. 从建议的方式提出批评切入。"意见"和"建议"两词的区别在于，前者是否定性的，而后者是建设性的，相形之下，人们更容易接受建议而不是意见。建议性的批评可以削弱批评中的否定因素，制造出良好的气氛，这种氛围，易使被批评者轻松地接受建议，自然地放弃先前的做法。比如，面对学生上课睡觉的情况，老师可以建议学生站着听，而不是直接对睡觉这种现象提出批评；面对学生上课抢着发言的情况，建议学生"三思而后行"；面对值日生值日不认真或清扫效果不好的情况，建议学生按照一定的顺序进行清扫，诸如此类。以建议的方式入手，使学生"亲其师"，达到"信其道"的目的。

6. 从幽默的故事包装批评切入。前面已经提到过幽默式批评的好处。幽默故事还可以作为批评的切入方式，即在批评开始之前融入幽默，将学生引入一个幽默的情境或语境中，然后自然地引出批评的内容，这样的切入方式容易被天真活泼的小学生接受。但是幽默的尺度必须把握好，如果把握不好，往往会使批评掺杂讽刺的意味，从而引起学生的反感，所以班主任要准确运用幽默，而不是讽刺，才能收到较好的批评效果。

总之，对学生的批评教育，一定要讲求艺术，这样才能使他们从内心深处认识到自己的不足，从而改变现状，积极进取。

批评篇

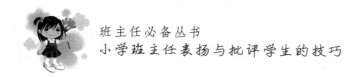

第二节　批评要达到预期的教育效果

批评的目的毋庸置疑是为了教育学生，而不是为了发泄教师的怒气。班主任在批评学生之后，一定要反思批评是否达到了自己预期的目标，是否对学生有教育的效果。

☹ 促进学生人格的完善

批评在一定程度上会对学生的心理产生影响，心理的改变也推动着小学生人格观念的发展，合理的批评要促进学生人格的完善。针对批评对学生人格产生的影响，班主任要注意以下问题：

1. 公正的批评并不损伤学生人格

批评与惩罚应指向行为，而不是指向人格。有水平的教育者在惩罚时都会这样说："我很爱你，但你的行为做错了，我必须要惩罚你。"当学生认为惩罚批评是公正的，他就会心服口服。作为班主任，我们可以回想自己的小学时代，给自己留下深刻的印象、影响一生的教师，往往都是严师。

批评时要针对行为的缺陷，可以这样说："这次考试基础知识不扎实，看来你没有下功夫。"而不能针对人格的弱点说："你从来就没有过好记性，该记住的记不住，不该记住的全记住了。"

如果教师和家长怀着爱心惩罚和批评学生，就会使学生感觉到自己是安全的、是被信任的，他的自我认同没有受到打击，只是错误的行为得到了提醒与惩罚。

2. "恨铁不成钢"的批评否定了学生的人格

有的班主任常认为自己的批评是"恨铁不成钢"，所以再严厉再刻薄，也觉得是为学生好，甚至于动手体罚。"恨铁不成钢"绝不应是班主任所抱有的一种情感，这种观念否定了学生的人格，把学生比作成不了"好钢"的顽铁，认为其朽木不可雕也。教育者带着"恨"和偏见批评学生，通过批评孩子树立自己的权威，甚至宣泄个人的情绪。传达给孩子的印象是对自身人格与成长的否定，这无疑将给孩子的发展带来心理上的阴影。

其实，经常被我们提及的师生情，应该是一种比亲情更为理性的情感，教师对学生只应有"爱之深"，而没有"恨之切"。班主任要切记，批评与惩罚应使学生感受公平、正义，而不是表达教育者个人的喜好和偏见。

而当批评与惩罚表达了个人偏见和消极情绪，表达了个人的仇恨和恩怨时，学生也会感觉到。这时，他会产生恐惧与焦虑，充斥着注意力核心的是巨大的害怕和仇恨，错误行为反而不见了。惩罚后，他没有对错误行为的觉察，只是再一次自尊的伤害和自卑感。批评不能使他主动矫正错误，反而成了一个放弃责任的被动者。他没有学会出于对错误本身的厌恶改正错误，只是出于对惩罚的逃避不再犯错误。

☹ 让学生从小学会端正心态，接受批评

和许多成年人一样，孩子们往往也喜欢受表扬而反感批评。法国心理学家高顿教授通过一项专题研究证实，那些难以接受批评的孩子长大后，大多会对批评持"避而远之"或干脆"拒之门外"的态度。由此看来，让孩子在幼儿时代就学会接受批评无论对一个人完整人格的塑造，还是对促成其事业的成功，都具有相当积极的意义。那么，小学班主任应如何让学生学会接受批评呢？法国的一些儿童教育专家为此提出以下建议：

1. 教育学生不必对他人的批评大惊小怪。教育孩子，当然应该坚持以

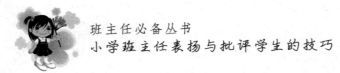

表扬为主,但也要有意识地让孩子既听到正面的肯定,也听到反面的批评。此时,应注意批评孩子一定要语气温和,分析中肯,而且以更多的表扬为前提,有意识地使孩子体会到:批评和表扬同样常见!事实上,在儿童时期就能适应批评的孩子,长大后往往也能较好地适应社会,其中包括拥有正确对待来自他人的批评乃至非议的平和心态,以及较强的承受挫折的能力。

2.让学生学会认真倾听。不论批评有多尖锐、多不中听,你都应该要求学生认真倾听。因为只有认真倾听,才会发现其中确实有几分道理,最后才能虚心接受。同时也让孩子渐渐明白:对他人的批评要认真倾听,因为这不仅是一种文明的表现,而且也是完善自我的必要方法。

3.冷处理但不要默不作声。冷静处理并不意味着对批评默默无语。班主任应当教育学生对批评的合理成分要虚心接受,甚至可以列出改进的办法或措施。当然,对批评者的感谢更能体现出接受批评的诚意。要求学生掌握的"冷处理"技巧包括:不要对批评者反唇相讥,不要"自卫还击",不要夸张地表现批评对自己情绪的影响等等。相反,应在认真倾听的基础上冷静地分析出尽可能多的合理成分,接受批评,从善如流。

4.允许学生做出自己的解释。当批评不符合事实时,也应允许学生做出解释,因为让学生虚假地表示接受批评而心里大感委屈,实际上不仅于事无补,还可能引发种种弊端。与此同时,也要让学生明白:解释的目的并不是推卸本来应负的责任,而是为了将事情的起因和责任分担情况辨认得更为明晰,同时还应要求学生在解释时保持心平气和、实事求是的心态,不应采用激动、鲁莽的语气进行辩解。

5.对批评者一视同仁。不少小学生可以做到认真倾听并虚心接受来自老师或父母的批评,但对来自同龄人的批评却拒之门外,充耳不闻。班主任应在平时的养成教育中,对孩子重申和渗透这样的观念:只要批评有道理,即便批评是来自同龄的小伙伴或者是在某些方面不如自己的同学,也应该虚心接受。

实际上,只要学生学会了"善待"批评,那么批评完全可以如同表扬一样,成为鼓励孩子前进的春风,而且还可以起到表扬难以起到的警示作用。

🙁 将心比心,让师生都学会换位思考

教学相长,一直是教育界常提的一种理念,不管是在学科教学,还是在班级管理中,教学相长都是普遍存在的,推动着教师与学生的共同成长。批评学生的最终目的,是为了让学生有所悔悟,并在短期内改正错误,而在批评的同时,也检验着教师的管理能力与识人能力,是否准确地把握了事情的发展过程以及学生的情感变化。批评的目的能否达到,取决于班主任的批评方式,也取决于学生能否在批评中理解老师的用心。特别是对于脾气暴躁、自我意识强的学生,教师应用"交流式"的批评,引导学生将心比心,用换位思考的方式来反思自己的行为。例如,某班有一个同学,一次期中考试前被某科老师严厉批评,他一气之下,该学科的卷子只写了名字,以不答试题来宣泄心中的不满,以此来报复老师。原因是老师得罪了他。由此可见,老师在批评学生时应对症下药,把握好批评的分寸,引导其学会换位思考,学会理解别人,认识顾全大局的重要性,认识自己的问题所在,使学生从内心深处接受对他的批评,并激发其不断完善自己的内动力。

在班级里,常常会看到这样一种情况:班主任抓住正在犯错误或已经犯了错误的学生,不分青红皂白,就训斥一通。而学生则会委屈得直哭:"事情不是这样的,是有原因的。"有时还会发生另一种情形:学生或许完全错了,但他仍不以为然。面对这两种情况,班主任都不要急着指责学生,而应该试着了解事情的经过和真相。只有探寻出其中隐藏的原因来,才能得到了解学

批评篇

153

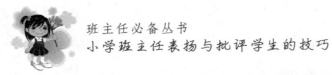

生行为或人格的钥匙。而要找到这种钥匙，班主任就必须诚实地将自己放在学生的位置上，理解学生在犯错误时的心理状态。如果教师能将心比心，站在学生的角度思考问题，教师因学生犯错误所产生的怒气就会立即消散，就会明白小学生原本就是那样的，在他们的世界里，事情就是那个样子，犯错误只是大人给他们下的定义。

戴尔·卡耐基的一个例子，会给班主任一个很好的启示，让老师们知道什么是小孩子：

多少年来，卡耐基经常到离家不远的公园中散步、骑马，以此作为消遣，像古时高尔人的传教士一样。卡耐基很喜欢橡树，因此每当卡耐基看见一些小树及灌木被人为地烧掉时，就很痛心，这些火不是由于粗心的吸烟者所致，它们差不多都是由到园中野炊的孩子们摧残所致。有时这些火蔓延得很凶，以致必须叫来消防队员才能扑灭。

公园边上有一块布告牌，上面写道："凡引火者应受罚款及拘禁"。然而这布告竖在偏僻的地方，很少有儿童能看见它。有一位骑马的警察在照看这一公园，但他对自己的职务不怎么认真，火仍然是经常蔓延。有一次，卡耐基跑到一个警察那边，告诉他一场火正快速在园中蔓延着，要他通知消防队。他却冷淡地回答说，那不是他的事，因为不在他的管辖区中！卡耐基急了，因此在那以后，当他骑马的时候，卡耐基就担负起保护公共地方的义务。开始，卡耐基没有试着从儿童的角度来阻止这件事。当卡耐基看见树下起火时就非常不快，急于想做出正当的事来阻止他们。卡耐基上前警告他们，用威严的声调命令他们将火扑灭。而且，如果他们拒绝，他就威吓要将他们交给警察。卡耐基只在发泄自我的情感，而没有考虑孩子们的观点。

结果呢？那些儿童遵从了——带着一种反感的情绪遵从了。在卡耐基骑过山后，他们又重新生火，并恨不得烧尽公园。

多少年以后，卡耐基增加了一些有关人际关系学的知识与手段，于是他不再发布命令了，甚至威吓他们，而是骑向火前，同他们说道："孩子们，这样很惬意，是吗？你们在做什么晚餐……当我是一个孩童时，我也喜欢生火——我现在也非常喜欢。但你们知道在这公园中生火是极危险的吗？我知道你们不是故意的，但别的孩子会怎么样呢？他们过来见你们生了火，所以他们也会学着生火，回家的时候也不扑灭，以至于火在干叶中蔓延烧毁了树木。如果我们再不小心，这里就会没有树林。因为生火，你们可能被拘捕入狱。我不阻止你们的快乐，我喜欢看到你们如此快乐。但请你们立刻将所有的树叶耙得离火远些——在你们离开以前，你们要小心地将火堆用土盖起来，下次你们取乐时，请你们在山丘那边的沙滩中生火，好吗？那里不会有危险——多谢了，孩子们，祝你们快乐。"

如果作为小学班主任，你对自己班级里的孩子天天都是批评，看不到孩子的天真可爱，看不到孩子的优秀表现与每天的进步，就不妨看看《窗边的小豆豆》这本书。看过这本书的班主任老师，应该会从中感受到小孩子的心理，理解孩子做"错事"时的正常心态。

再请看下面的一则反思片段。

【案例现场】

师生换位思考，批评者与被批评者"交换位置"，起到彼此沟通、相互理解的作用。一个学生上课爱说话，针对这一情况，班主任"以攻为守"对他说："假如你是老师，对一个上课常常说话的学生该怎么办？"在这种情况下，该生就会觉察到老师的一番良苦用心，又能体谅老师执行原则的必要性，进而认识到"情"必须服从"理"，加深对自己所犯错误的认识，进而下决心改正错误，这正是师生通过感情交流所起到的作用。

【案例小结】

案例中班主任的话"假如你是老师，对一个上课常常说话的学生该怎么

批评篇

办?"直接将学生放在教师的位置上,进行提问式的批评,这样就会立即引起学生的深思,让学生从教师管理班级全局的角度来思考自己的行为,自然就会清楚地认识到自己行为的错误,促进自身改正。

如果班主任能合理地将换位思考融入到自己的批评中,那么你所说的每句话都不会受到孩子的反感与对抗,有些班主任用自己青少年时代曾有的过失类比,给学生以警示,更是得到了学生的强烈共鸣。例如,有一个学生因出校游玩而被学校批评,班主任是这样对他说的:"孩子,当我上小学时,我也像你一样喜欢外出,但又往往忘记返校的时间,以致迟到,并为此受到了学校的通报批评。今后你在这方面也要稍微注意点。"这位班主任就是先提起了自己当年的错误,他没有威胁,也没有警告什么,只是指出自己当年类似的错误,及为此付出的代价。这样的批评,学生容易接受,且对错误的改正目标也较为明确。此后,这个学生再无外出迟到返校的现象了。换位思考式的批评,换得到学生的真心,收到了良久的影响效果。

此外,批评的后期效果与班主任个人素质有密切的联系。所以,班主任要注意完善自身的教育水平、智能结构、性格修养诸方面。只有平时对学生充满关爱之心的班主任,才能成为学生的崇敬对象甚至精神寄托。而一旦进行了批评,也一定能收到积极的效果。而那些平时对学生冷若冰霜,居高临下,装腔作势,甚至愚弄、驱使、侮辱、体罚学生的班主任,对学生进行批评教育时就不会容易使学生信服,不会使学生从心底接受批评,有的时候甚至会激化学生与班主任之间的矛盾。

第三节　做好批评之后的教育工作

在教育中，批评是一定会存在的。在任何时代，教育下一代的过程都充满了惩罚、指责、约束和批评。批评和惩罚作为负强化，使人知道什么是错误的观念和行为。然而，为什么惩罚和批评曾有一段时间受到家长、社会以及教育工作者的质疑和反对呢？这是因为批评与惩罚引起了一些不良的后果。如因为教师惩罚和批评学生，导致学生产生严重心理障碍甚至抑郁、自杀。于是有人说，独生子女性格脆弱，抗挫折能力差，批评时要慎重。还有人更加激进，彻底反对任何批评与教育，认为好孩子是夸出来的，批评教育应完全消除。

其实，批评与惩罚能否被接受，在于儿童认为是否公正。临床心理学家发现，挫折并不一定会导致儿童攻击与愤怒，要看引起挫折与失败的原因公正还是不公正。如果惩罚与批评被儿童主观理解为是不公正的，如认为挫折是有人故意害自己、欺负自己，他们就会愤怒。如果挫折与失败被认为是客观条件的限制引起的，是迫不得已的，就不会产生攻击和愤怒。同理，如果批评与指责被儿童理解为合理的、正当的、主持公道的，就不会使儿童产生挫折感和攻击性，更不会打击儿童的自尊，破坏他们的自我概念。

为了达到批评的教育目的，班主任们既要保证自己的批评心态是公正的，批评方法是正确的，又要密切关注学生被批评后的变化，这是证明批评教育有效与否的关键。做好批评之后的教育工作，纠正批评上的失当，也有利于巩固批评所取得的良好成效。

批评篇

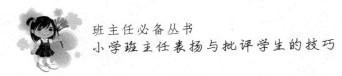

😕 打一巴掌给个甜枣——批评后适当安抚

学生受了批评后，往往与班主任有一个疏远期，这就像动过手术的伤口不能立即愈合一样。为了不让学生与自己疏远，班主任应该主动接近学生，采取适当的方法向学生表明为什么要批评他，以消除师生间感情上的隔膜。此外，由于小学生心理发育尚未成熟，受了批评容易产生自卑感。如果班主任不能及时帮助学生找回自信，后果则不堪设想。因此，班主任在批评学生后，应留心观察或向其他学生了解该生的学习和生活情况，一旦发现问题要立即采取补救措施。

对于大多数的批评来说，如果批评合理，班主任或教师没有必要进行安抚，因为在批评之后，学生应该进行自我反思，从批评中吸取经验教训，对自己的不合理言行进行纠正。如果这时候，班主任或任课教师看到学生有难受的感觉，而一时心软，进行安抚，甚至在言语之中不慎将自己所做的批评进行了否定，"老师刚才是因为生气才批评你的，其实你只要及时改正，老师还会喜欢你的"，诸如此类的话，不但不利于学生认识错误、改正错误，还会有损于教师自己威信的建立，危及今后的教育效果。

在批评后对学生进行适当的安抚，一般有两种情况：一是受批评的学生心理较脆弱，对老师的批评在心理接受方面存在问题；二是教师的批评存在失察的问题，错怪了学生，使学生受到了委屈。对于第一种情况，班主任或任课教师之所以要进行安抚，就为了让学生正确地对待老师的批评，让学生从难受的心理中走出来，更多地去思考自己如何改正错误。老师在安抚的时候，耐心地询问学生的心中所想，让学生把自己感到难受的原因说出来，调整学生的心态。对于第二种情况，老师就要认真对待自己在批评方面存在的问题，是批评之前缺少调查，还是批评的语言过于激烈，使学生产生了对抗或绝望的情绪。班主任可以用自责法来处理第二种情况。

请看下面的一则案例。

【案例现场】

有次上课，一位学生迟到，老师当堂批评了他，结果该生很不服气。看样子，一节课基本没有听讲。经课后了解，这位学生因晚上生病，一夜没休息好，因而早晨起得很晚，本打算上午休息不来上课了，又考虑到怕误课，就赶来上课，结果还是迟到了。于是，在了解了这一情况之后，这位老师主动找到该学生，当面向该生说："我未了解你的情况，也未很好地关心你，反而批评了你，是老师没有尽到自己的责任，我向你道歉。"由于老师自责，该生的对立情绪一下子缓和下来。该生说："老师，也有我的错，我要早到三分钟也不会惹您生气了，更不会影响全班同学听课了。"

【案例分析】

案例中的老师因为没有进行详细的调查了解，结果批评了学生，学生很不服气。后来那位老师在了解情况之后，主动向学生道歉，用自责的态度来处理批评之后的事情。自责的做法缓和了学生的对立情绪，也使学生真诚地接受了批评，使师生关系重归于好。

【案例小结】

有时，一些老师的批评语言过于激烈，甚至是大声训斥。不管学生犯了怎样的错误，这种咆哮式的批评毕竟让学生难以接受，其语言的激烈也会对学生的心理造成伤害。所以，在严厉的批评过后，班主任要给予安抚，消除感情隔膜，要向学生说明批评理由，对自己批评有误事实的，教师要勇于认错。要注意批评后不要立即找学生解释，更不要一边解释，一边否定前面的批评。学生犯了错，当然应该受到批评或处分，但不要一直板着脸说话或不理不睬学生，友善关怀的态度是犯错学生所需求的。要让学生感觉到即使自己犯了错，老师对我还是一如既往，感到自己还是受重视而不是被冷落，感到被关心爱护，而不是"一棒子打

批评篇

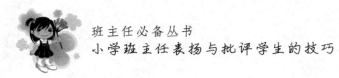

死",有利于学生的身心健康发展。

教师在做批评之后的安抚工作的同时,也要做好批评后的帮助和监督。很多学生屡犯屡教、屡教屡改,可还是进步不明显,关键问题就出在教师在批评后的帮助和监督不到位和不够持久。其实,老师批评之后,学生完全改正通常需要一个过程,尤其是那些已成习惯的不良行为,这个过程更需要教师和同学的关心、帮助、鼓励和监督。在这个过程中,教师要善于发现他们哪怕是微不足道的一点一滴的进步,并且及时给以表扬和鼓励,多一些"你进步真快,我为你感到高兴"、"我很荣幸,能有你这样的学生"、"我知道我可以相信你了"让学生感动的话语,必要时还必须在众学生面前大张旗鼓地表扬,或把这样的好消息及时传给他父母,这样更加会激起学生改正错误的决心和树立"我能行"的信心并认真改正错误。

此外,严厉批评之后,班主任还要关注学生的情绪变化,可以安排其他同学关注其情绪变化情况,个别情绪不稳定的同学可能会做出逃学、出走、破坏、报复、轻生等过激行为。有了教师与同学们的共同监督,就能有效地防止过激行为的发生。

☹ 修复自尊心,维护师生关系

教育学家杜威说过:"尊重的欲望是人类天性最深刻的冲动。"自尊是一个人本身的自我尊重,每个人都有自尊,同时也需要别人的尊重。这就要求班主任在批评学生之时和之后,都要从维护学生的自尊心的角度出发,解决问题。在批评之后,要关注学生的自尊心是否受到了伤害,及时予以处理,修复自尊心,维护师生关系。

如果我们分析一下小学生的内心世界,就会发现他们在犯错误时,存在着自尊与自卑的矛盾心理。一方面他们有时盲目自尊,特别是小学五六年级的学生，自以为自己长大了，任性、固执，听不进教师和家长的劝告；另一方面，由于小学生判断能力和自制能力的缺乏，他们又不善于把握自己，以致经常犯错误。与此同时，思想上又有着迫切要求改变自己落后面貌的上进心，渴望得到别人尤其是老师的理解和帮助。

当学生犯错误后，精神状态会更加不稳定，畏惧、焦灼、怀疑、对立的情绪等夹杂在一起，如果教师能深入到他们的内心世界，去理解他们那种欲言又止的自尊，就会觉察到在批评之后，孩子的自尊心和自信心都有一定程度的损伤。有时候，有些班主任采取简单粗暴的批评方式，只能使学生在高压下暂时"乖顺"，实际上解决不了问题，不仅会给他们的心灵蒙上阴影，对今后的学习、生活都会产生不良影响，还会拉大师生之间的感情距离，甚至会引发对立情绪。即使有时候，班主任不是在公开场合批评，不是严厉地批评，有些心理较脆弱的小学生也会感到很难受、很难堪，感到会有很多人在看着他的错误，在看着他受批评，自尊心无形之中由于孩子的自身原因而受到减损，情绪变得消沉。因此，在批评之后，应及时关注学生的行为表现，帮学生走出自尊、自信受损的阴影，使其重树信心，乐观地面对学习与生活。

请看下面的一则反思案例。

【案例现场】

本学期班里的几位男生在课间打扑克，我当时当众严厉批评了他们，结果这几位男生好一段时间闹情绪，以不交作业等方式来表示对受约束的不满。后来，我冷静地反思自己的工作，常言说得好："良药苦口利于病，忠言逆耳利于行。"班主任工作中我们何不把忠言变得顺耳，让学生听得进去，应该会更利于行吧。

于是我换位思考他们为什么会这样做，试着理解他们，挤时间坐下来找他们谈心，放下老师的架子，像朋友一样聆听他们的倾诉，倾听他们的心声，结果如此沟通并冷处理后，这四位同学有了很大的转变，师生关系也由紧张变得融洽起

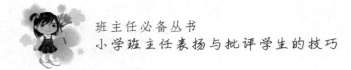

来,收到了意想不到的良好效果。

【案例小结】

案例中的四位学生因为班主任的严厉批评,而使自尊心受到影响,用不交作业等方式来表示不满。班主任及时反思,挤时间找他们谈心,倾听他们的心声。通过有效的沟通,修复学生的自尊心,也使师生关系由紧张变得融洽。

为了防止学生的自尊心因为批评而受到损伤,班主任在批评学生的时候,就应该注意保护学生的自尊心。在理解学生身心发展特点和心理需要的基础上,教师的批评态度应宽容一些,让他们发现自身的不足,找到差距,明确方向,使他们心悦诚服地承认错误,这才是教育的目的,也有利于维护师生之间的友好关系。

请看下面的一则案例。

【案例现场】

记得一次自习课,我班一个女孩没有学习而是在忙着写一封信。等老师发现后,她将信偷偷地放到桌洞里面。后来还是让细心的我发现了:满满两张纸,写得工工整整,字里行间情真意切,主要是向一位异性同学倾诉自己的烦恼、思念,以及不被理解和关注的痛苦心情。从中不难看出:她在朦朦胧胧地暗恋着一位同学,正陷于无法自拔的情感泥潭中,难怪上课心不在焉、闷闷不乐,成绩下滑明显。经过耐心的思想工作,她如实地说出了真情,并自觉地承认了错误。事后,我没有声张,并在班级替她保了密。我多次找她谈心,及时引导她:未成熟的青苹果过早收获会又酸又涩,成熟季节的果子才会又香又甜。青少年时期是长知识长身体的黄金时期,很多看法和想法很不成熟,等将来有了立足社会的本领,再考虑这些大问题。人不可能一辈子不做错事,人生关键时只有几步,不能让同样的错误重犯,后悔过去不如奋斗将来。她含着眼泪不住地点头,我了解此时她复杂的心情。无须太多的语言,老师给予她的尊重和信任比什么都重要。因此,她很感激我，从此她转变了：脸上重现了笑容，学习成绩也呈上升趋势。

【案例小结】

由此案例可见，教师批评得当，方法适宜，能够多为学生考虑，批评的效果会比严厉的训斥好。如果老师批评不当，刺伤学生自尊心，学生必定对老师产生对抗情绪和逆反心理。

☹ 避免刺激其他学生仿效错误

一些同学在受到老师的批评之后，与他们关系密切的同学，出于对朋友的关心与认同，会因朋友受批评而对班主任产生反感，甚至是群起对抗。如果出现这种情况，班主任就要敏锐地观察受批评的学生周围同学的反应情况，可以公正严明地讲清错误的缘由，改正错误的必要性，用正气来化解周围同学的不正确看法，也可以用较为温和亲切的方式，向周围的同学表露老师对受批评同学的关心与期望，使学生们理解老师的用心，与老师形成一致意见，对受批评的同学形成教育合力。班主任要注意的是，一定不要在周围同学中再次批评或讽刺受批评的同学，这样不但起不到最初的教育作用，而且会使周围同学对老师产生不满情绪，抵触老师的批评教育。

小学生的可塑性较强，因此，一些犯错误的同学的言行，极易影响到周围的同学。甚至还会有一些小学生错误地认为，捣乱、犯错误会引起同学们的注意，风头十足。于是，他们会模仿已经犯错误的同学的言行，这样就很容易理解为什么经常违纪的同学的周围会有一小群同学和他一起犯错误了。所以，班主任在批评某位同学之后，一定要关注他周围那一小帮同学的反应，对这些同学也要进行相应的教育，讲明对错之分、深浅之别，防止其他的同学做出类似的错误举动。

有时候，有些班主任之所以不在公开场合批评学生，考虑到的一个侧面

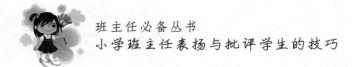

原因是为了避免让更多的学生知道错误的经过，就像一些负责任的媒体不会把犯罪的关键技术细节发布出来一样，如果将错误的全过程公之于众，对于自制力较弱、好奇心又较强的小学生来说，反而是一个"学习"反面案例的过程，在无形之中就将错误扩大化了。所以，班主任要慎重选择批评的场合，避免刺激其他学生仿效错误。

😞 与家长适当沟通，促进家校合作

在批评学生后，班主任可依据学生所犯错误的轻重决定是否告知家长。班主任在与家长的沟通过程中，要说明事情的经过，学生的态度，处理的情况，以取得家长的配合，共同教育好学生。但答应了学生不告诉家长的，就要信守承诺。另外，班主任不要事事都通知家长或频繁请家长来学校，这样会给学生及家长造成精神压力，甚至使其对班主任产生反感。

班主任在与家长进行沟通时，可以了解家长在教育孩子方面的困惑，适当教给家长一些批评孩子的技巧，避免过多批评。比如，当孩子犯有过错时，家长往往一味责备孩子，甚至打孩子，一点不讲批评技巧，结果往往事与愿违。那么，班主任可以教给家长哪些批评孩子的技巧呢？

1. 低声。班主任要提醒家长，应以低于平常说话的声音批评孩子。家长应切记，"低而有力"的声音，更会引起孩子的注意，也容易使孩子注意倾听你说的话，这种低声的"冷处理"，往往比大声训斥的效果要好。

2. 沉默。孩子一旦做错了事，总担心父母会责备他，如果此时，你恰到好处地递给他一个不满意的眼神，或者等事情过后再找一个最恰当的时机，巧妙地指出他的不足和错误的危害，这样效果会更好一些，千万不要火上浇油。这时候，孩子反而会有一种"如释重负"的感觉。因此，班主任应要求父母对孩子的错误适当保持沉默，这样孩子的心理反而会紧张，会感到

"不自在"，进而反省自己的错误。

3. 暗示。孩子犯有过失，如果家长能心平气和地启发孩子，不直接批评他的过失，孩子会很快明白家长的用意，愿意接受家长的批评和教育，而且这样做也保护了孩子的自尊心。

4. 换个立场。当孩子惹了麻烦遭到父母的责骂时，往往会把责任推到他人身上，以逃避父母的责骂。班主任可以教给家长，此时最有效的方法是当孩子强辩是别人的过错、跟自己没关系时，就回敬他一句："如果你是那个人，你会怎么解释呢？"引导孩子思考"如果自己是别人，该说些什么"，这样就会使大部分孩子发现自己也有过错，并会促使他反省自己把所有责任嫁祸他人的错误。

5. 适时适度。孩子的时间观念比较差，昨天发生的事，仿佛已经过了好些天了，加上天性好玩，刚犯的错误转眼就忘了。因此，一方面，班主任如果需要与家长交流学生所犯的错误就要及时联系，不可算旧账；另一方面，班主任要教给家长，批评孩子要趁热打铁，不能拖拉，否则就起不到应有的教育作用。

家庭教育与学校教育虽然在很多方面不一样，但都是培养孩子的重要组成部分。因此，本着对学生的未来负责的态度，面对一些家庭教育理念或知识欠缺的家长时，班主任有必要对家长进行适当指导，促进家校合作，形成教育合力。

批评篇

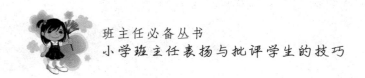
结合篇

第八章　珠联璧合

——表扬促进成长，批评激励进步

第一节　表扬与批评目的的统一性——使人成长、进步

表扬与批评作为教育策略中不可或缺的两个部分，相辅相成，共同促进着学生的成长与进步。在实际的教学中，班主任和任课教师都要有将表扬与批评和谐统一的能力与艺术感，以取得预期的教育目标。

㈠ 表扬与批评要达成平衡

表扬和批评要合适，要达到一种平衡的状态。这种平衡并不意味着表扬与批评的比重是对等的，而是应以表扬为主，批评为辅，在面对班级整体的管理和面对学生个体的教育中达到一种动态平衡。

面对班级整体的管理，班主任应以表扬为主，对于班级里出现的好人好事，及时地给予表扬、鼓励，在班级里形成向上向善的良好风气，引导公正的集体舆论氛围。对于班级里出现的不良现象，批评应适时适地适度，引导犯错误的学生及时改正，让其他的学生感受到不良现象毕竟是少数同学的行为，任何错误的事情都会得到公正的处理。如果班主任天天在班级批评同学，训斥学生这也不对，那也不对，就会让学生感觉到班级里不好的事情太多，对班级的建设失去信心。

面对学生个体的教育，班主任也应以表扬为主，赏识每一个学生的闪光点和进步，鼓励他们继续进步，对于学生出现的问题给予适当的批评，监督其改正。总之，对于一个学生的教育，整体上还是应以表扬为主，批评为辅。实践也证明，当班主任和其他教师真正是这样教育学生时，学生也会取得确实不错的进步。

请看下面的一则教育反思案例。

【案例现场】

学生小李每次数学考试成绩必然在30分以下，最让老师闹心的还不是他的成绩，而是课堂上他的屡屡违纪。如果你说上课不准睡觉，他非睡觉不可，故意让老师在同学们面前下不了台。讲道理他也不听，把他赶出教室，学校制度又不允许。有时我心里烦了，就开始对他挖苦讽刺，你越讽刺他越笑，当你讽刺他时，他还听得津津有味的，有时还带头鼓掌，真是让老师哭笑不得。

有一天翻阅一本杂志，看到一位著名教育家有这样一句话："你想要别人成为什么样的人，经你鼓励，他就会成为什么样的人。整天喋喋不休地唠叨只会适得其反。"看来我的讽刺挖苦、批评、唠叨都没有效了，能不能采用鼓励的办法呢?但对小李这样的同学，鼓励他真让我难为情，要说他的缺点可以不用思考，随口就能说出不少，要是找优点我一时还真没发现，在老师们眼中，他就是一个典型的一无是处的学生。

又一次上课前，我绞尽脑汁地挖掘他的优点进行鼓励，脑海中除了他那气人的形象，做出气人的事、说出气人的话外，怎么也想不出任何优点来。在上课中

结合篇

我看见他又在违纪，我本想又大声地将他批评一顿以解心头之恨，但我一直提醒自己：忍住、冷静、找优点、鼓励。

一节课快要结束了，也没发现他哪点值得鼓励。很快，下课铃响了，我停下课来硬着头皮进行总结："这节课表现最好的是小李。"话一说出口，全班哄堂大笑起来，小李也开始手舞足蹈起来。等同学们的笑声消失后，我接着讲道："我一说出来，大家觉得好笑，小李自己也感到意外，我说的表现，是每个同学自己与自己比较，而不是和他人比较。你们也许不知道，老师在讲台前看得最清楚，你们许多同学也许认为小李上课经常在讲话，你们想一想，这节课是小李头一次没有被老师点名批评，说明他的违纪情况比以前要轻微得多，至少达到了像我这样的老师能接受的程度，再就是这一节课小李不仅没睡觉，还偶尔听一下讲课，同学们你们说，小李与自己以前比较，这节课是不是表现最好的同学？"全班一下子响起了热烈的掌声，我偷偷望了小李一眼，发现他反而不好意思地低下了头，脸也微微红了。看来批评达不到的效果，老师几句违心的鼓励话达到了。

有一天在路上，偶然遇见小李，要是在以前我看见他唯恐避不及，他对老师也是一样。为了鼓励他，我主动走到他面前说："小李，我现在真为你近段时间的进步感到高兴，我一度以为你是没法进步了，没想到你越来越懂事，上课违纪越来越少，同学们对你的评价是越来越高了。"小李在我面前第一次客气地说了句："谢谢老师的关心。"

有一天，上课结束后，我在全班讲道："我发现小李的表现是越来越好了：这节课，小李认真学习的时间超过了半个小时，而且在课堂上没有任何其他违纪。我们一起为小李的进步鼓掌吧！"教室里再次响起热烈的掌声。

我们与班级所有老师约定，对于小李只用鼓励，不用批评，批评对他无任何效果，老师们都说："现在的鼓励真的让他改变不少。"这样一学期下来，小李的表现出奇地好，成绩在班级进入中等行列。特别是纪律方面，老师们都反映：

"现在的小李在课堂上至少再不需要老师经常停下课来进行批评了。"

【案例分析】

这个案例详细地反映了大多数老师在教育"后进生"时的做法和心理过程。对于一个屡屡违纪的学生小李,班主任有时实在是很难找到他的一个优点,只好说了一句"违心的鼓励话"。但是,班主任指导学生们与自己的过去比较,"违纪情况比以前要轻微得多"也是一种进步,值得表扬。这种表扬也换来小李的转变,一句"谢谢老师的关心"就是证明。随后,"我"与班级所有老师约定,对于小李只用鼓励,不用批评,批评对他无任何效果,结果老师们都说:"现在的鼓励真的让他改变不少。"这就是表扬发挥了使学生转变的神奇力量。

【案例对策】

案例中小李的改变让我们认识到,老师教育学生,就要尽量地去了解、帮助、理解学生,掌声比辱骂声效果更好,宽容表扬比批评指责更有效。要让一名学生心悦诚服地接受老师的教育,就需要班主任们时时刻刻提醒自己:慎用批评,多寻找机会,找准学生的进步点进行大力表彰,批评达不到的地方,激励也许能达到。

☺ 表扬、批评应与孩子一同发展

小学六年的时间,是少年儿童在身体、心理以及思想方面等取得重大发展的阶段。学生在小学三个年段的思维、行为习惯也有较大的差别,这也就从根本上决定了班主任所做出的表扬与批评要切合学生的发展规律,让学生听得懂你的话。

表扬虽然是教育孩子的主要策略,但是表扬的话首先要让学生们听懂。例如,班主任要求一年级的学生为班级建设说出自己的好点子,有的学生为班级献花,有的学生要求家长为班级购买了漂亮的墙贴,而有一个学生则发

结合篇

现卫生清扫工具经常被同学们随意摆放，而且不容易摆好，他就买了一些塑料粘钩，贴到了墙上用来挂卫生工具……如果这时老师只是说："你为班级贡献的东西不错。"表扬的效果会大打折扣，因为孩子不明白"不错"指什么。我们不妨说："你能从不同的角度去观察，想出不同的方法，说明你认真动脑筋了，你真了不起！"这样孩子就明白想出好点子要注意观察，并积极开动脑筋。

此外，表扬既要让孩子巩固一些好的行为习惯，也要让其他孩子明白什么样的行为是正确的，是值得学习的。因此，对于小学低中年段的孩子，表扬要具体，表扬越具体，孩子越容易明白哪些是好的行为，越容易找准努力的方向。一些泛泛的表扬，如"你真聪明""你真棒"，虽然暂时能提高孩子的自信心，但是孩子不明白自己好在哪里，为什么受表扬，这样就不容易努力坚持下去。因此，教师在表扬孩子的时候要注意，表扬要具体，让孩子有样可依，切不可笼统、空洞。对于高年段的孩子，表扬则要深刻，让孩子不停留在从老师的话语中获得心理上的满足，而是找到新的前进方向，谦逊客观地看待自己的成绩。

任何成绩的取得，任何孩子的进步，都需要有一个持续发展的过程。只有积聚了一定的量变才会发生质变。因此，在教学中我们持续地对孩子进行观察，发现孩子在成长中出现的新的优点、新的长处，并不断给予鼓励、表扬，使孩子享受成功的喜悦，不断增强自信心，不断挑战自我，向着更高的目标奋进。

批评的话语要达到应有的教育效果，一个必要的条件是学生能够听得懂你的批评话语形式以及你在批评中所蕴含的深意。幽默式的批评，已经在前面的章节里提到过，但是学生是否能够听得懂幽默式的批评，还需要老师们注意。

先请看下面的一个例子。

【案例现场】

有一次，几个属鼠的男同学在期中考试中考了满分，挺得意，竟然在教室的桌子上跳来跳去，有点飘飘然。他们的班主任发现了，就对他们说："怎么，得意了？你们知道得意意味着什么吗？请注意今天下午的班会。"那几个学生猜想：糟了！在下午的班会上，等待他们的准是狂风暴雨！

可奇怪的是，在班会上，班主任的批评却妙趣横生。他是这么说的：

"树林子要是大了，就什么鸟儿都有，自然，天下大了，就什么老鼠都有。我就听说过这么一个故事。有只小老鼠外出旅游，恰好两个孩子在下兽棋，小老鼠就悄悄地看，还发现了一个秘密，这就是，尽管兽棋中的老鼠可以被猫吃掉，被狼吃掉，被虎吃掉，却可以战胜大象，于是小老鼠立刻认定，我才是真正的百兽之王呢！就这么一想，小老鼠就得意起来了，从此瞧不起猫，看不起狗，甚至拿狼开心。有一天，它还大摇大摆地爬到老虎的背上，恰好老虎正在打瞌睡，懒得动，就抖了抖身子。小老鼠于是更加得意，它还趁着黑夜钻进了大象的鼻子，大象觉得鼻子痒痒，也就打了个喷嚏，小老鼠立刻像出膛炮弹似的飞了出去，就这么飞呀飞呀飞，好半天好半天，才扑通一声掉在臭水坑里！

好，现在就请大家注意一下，'臭'字的写法，怎么写的？'自''大'再加一点就是'臭'。有趣的是，今年正好是鼠年，咱们班有不少属鼠的同学，那么，这些'小老鼠'们会不会也掉到臭水坑里呢？我想不会，但必须有一个条件，这就是永不骄傲！"

说到这儿，这位班主任还特意看了看那几个男同学。那几个男同学当然明白，老师的批评，全包含在那个有趣的故事中了！他们挺感激，很快改正了自己的缺点。

【案例小结】

案例中的这位老师很聪明，借助一个小童话使因考试得满分而骄傲的学生

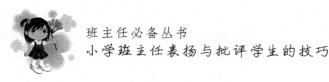

知错就改了。但是这种幽默式的批评方式，能否取得理想的教育效果，还要看同学们对幽默的认知程度。一般来说，小学一二年级的学生，可以听得懂幽默故事所直接表达的批评寓意，但对老师简单的一两句"冷式"幽默则存在理解上的困难，反应平淡；三四年级的学生已经对幽默这种语言方式有较多的了解，他们能够听懂隐含在幽默故事中的"弦外之音"，对老师的一两句幽默话也能立刻心领神会；对于五六年级的学生，班主任则不太适宜讲较为幼稚的幽默故事，而是用逻辑性较强的幽默话语来表达批评的用意，让学生在会心一笑中体会班主任老师的思维之深、用心之切，在折服中接受批评。

☺ 表扬与批评都不要走入误区

表扬与批评在实施过程中所应注意的问题，前面的章节中已经有过探讨。这里将二者统一起来讨论，思考在教学中应共同注意的误区：

1. 表扬与批评都不能只走一步。表扬与批评在实施之前、之中、之后，都有相应的工作要做。之前的调查，之中的把握，之后的关注，都需要班主任通盘思考，不能把表扬和批评只作为简单的一步行为来看，而应将其作为一个具有完整三时段的事件过程来思考，对各个环节出现的问题都应有一个预判。"凡事预则立，不预则废。"只有做好事前的准备工作，才能更好地发挥表扬与批评的教育作用。

2. 表扬与批评的触发点是事不是人。表扬的内容应是具体的事，夸人格不如夸事实，夸聪明不如夸勤奋；批评的内容也应是具体的事，不能在批评中贬低学生的人格，损害学生的自尊心。班主任应把人和事分开，对事不对人，少说"你这人怎么这样"，多说"你这事不该这么做"，要让被批评者感受到班主任对他的关心。不管学生是哪种类型，有了好的表现就要表扬，有了错的行为就要批评。班主任应摆脱对学生的固有印象，相信学生是一个不断发展与进取的充满生命力的个体,用发展的眼光看问题,着眼于最近发生的事,而不是固守于对学生原来的印象。

3. 表扬不单为了"褒",批评不能为了"贬"。表扬与批评的共同目标都是为了教育学生,所以,单纯的"褒"不是表扬的最终目标,而是让学生获得成功的体验,激励其继续进取,同时戒骄戒躁;而表面上的"贬"也不是批评的实质目标,批评的目的是指出学生存在的问题,引导学生纠正错误,进取向上,同时要防止反复。

第二节　表扬,还是批评——智慧的选择

班主任老师帮助教育学生,批评表扬学生,是寻常不能再寻常的事了,而尤其是批评后的效果如何,表扬是否恰到好处,这就有教育方法是否有艺术性的问题。学生多喜欢表扬的话,不愿意听批评的话,有时对性格各异的学生,同样的表扬,同样的批评,大多表现不一样:有的一听到批评就产生逆反心理。所以,为了取得较好的教育效果,批评与表扬有时也可逆向使用,即需批评时,用表扬树立起他的信心;需表扬时,则用批评点出需要完善的地方。

例如,某班的生活委员,工作认真负责,任劳任怨。在其任职期间,不论是平时的清扫,还是周末的大扫除,工作及时到位,若发现不合格的现象,积极主动进行督促,并亲自投入其中。他总是想老师之所想,急老师之所急。可是学习成绩却不尽人意。有一次大扫除结束,班主任找到他,与他进行交谈:我对你的工作表现非常满意,也让我相信你潜在的能力,若你的成绩能更快

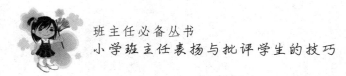

地提高,那你会令我更满意的,我想你不会令我失望的。这种寓批评于表扬之中,点出了学生应完善的地方,使学生保持进取的劲头,继续进步。

☺ 赏识式的批评

所谓赏识式批评,换言之,就是善于发现犯错学生或后进生身上显现的优点时,给予表扬用以代替批评,以达到学生自我教育的目的。陶行知先生的"四颗糖果"的故事便是教师学习的典范。当陶先生发现学生王友用泥巴砸同学时,他只是先制止了他,并没有立即批评他,而是叫他到办公室,把第一块糖果交给他时说:"你按时来到这里,而我却迟到了。"奖第二块时说:"当我不让你再打人时,你立即就住手了,这说明你很尊重我。"奖第三块时说:"我调查过了,你砸他们,是因为他们欺负女学生,这说明你很正直。"奖第四块时说:"为你正确认识错误,我再奖励你一块糖果。"如果陶先生当时直接大声训斥:"你为什么用泥巴砸人?难道你不知道这是违反校规的吗?你好好反思你自己!"也许就没有后面王友愧疚地哭了。

所以,班主任在批评学生时,要慎用批评用语,讲究语言艺术,处处顾及学生的自尊。当学生表现出良好的言行时,教师就及时给予鼓励,即使学生表现出不当的言行时,教师也应竭力淡化学生的问题,甚至通过寻找学生身上的优点鼓励学生。当教师鼓励学生时,会给学生带来奋发向上的动力,帮助学生树立自信心。

一次恰当的表扬对学生来说,不仅是一种荣誉的享受,更多的是对他个人价值的肯定,由此进一步使他增强勇气和力量。小学生正处于成长发展时期,存在缺点、出现错误在所难免。特别是对那些常犯小错误、学习成绩又不好的所谓的"后进生",班主任老师不能一味地去批评他们,让他们整日都在批评声中度过,且这些批评的声音有些"走调":"你怎么这么差劲？""你就是不行!""做得太坏!""你没有记性!"这种教育者的多次否定性评价，会逐渐转化为学生的自我评价："我就是比较差。"从而导致学生自卑感的产生，自信心的降低，以及消极人生态度和行为方式的衍生，远远背离了批评教育的目的。

因此，即使学生有很多的错误，班主任也要运用教育智慧，化批评为赏识，从正面激励学生进步。

下面是一位班主任老师赏识教育学生的一件小事，能给我们一些有益的启示。

【案例现场】

某班的学生每个人都有一项专门负责的职务，其中有一个学生专门负责擦黑板。有一天，第二节课是班主任张老师的课，结果他走进教室，发现第一节课后这名学生没有擦黑板，张老师提醒了他。可第二节下课后他又没有主动擦黑板，于是，张老师把他叫到了办公室，学生以为老师要批评他，张老师却说："老师要奖励你!"学生一脸疑惑。张老师说："谢谢你今天没有擦黑板。平时你每天都擦黑板，我们有些忽视你。今天因为你的疏忽才让我们注意到你每天为老师和同学服务——擦黑板的劳累。所以我要谢谢你! 这里是我准备发给大家的奖品，你先选吧。"听了张老师的话，这名学生既感动又惭愧，从此之后擦黑板既干净又及时，再也没有忘记过。

【案例小结】

这就是一个典型的化批评为赏识的成功的案例。其实，赏识教育对中等生、后进生的作用更大，效果更显著。中等生和后进生获得成功的机会非常少，被人赏识的机会更是少之又少，相对于优等生来说，他们内心里更渴望得到赏识，更渴望得到大家的尊重。只有强化赏识功效，做到赏识和批评有机结合，才能最有效地发挥其教育作用。

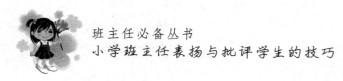
☺缺点也可以看成优点的辩证批评

我国著名文学家刘心武先生曾言："一个丑恶的罪犯也有他自己的心灵美!"罪犯尚且如此,何况我们的学生呢? 作为班主任,应善于捕捉每一位学生身上的闪光点,使其发扬光大。苏联著名教育家马卡连柯也曾言:"用放大镜看学生的优点,用缩小镜看学生的缺点。"因此,对学生所犯错误,我们要一分为二地看,要善于从过错中发现积极因素。小学生所做出的一些错误举动,很多是由于认知能力与处事能力所限才出现的,而并不是由于主观的不良动机所致的。

比如,有个小男孩抢走了一位小女孩手中的苹果,几口就把苹果吃掉了,女孩子大哭。班主任问小男孩为什么要抢苹果吃时,他却很高兴地说:"我看苹果太大,她又吃起来不高兴,我就帮她吃掉了。"这样的错误自然让大人忍俊不禁,而在孩子内心看来,这却是自己出于好心所做出的,有时他们不明白老师为什么要批评自己做的"好事"。

学生身上所谓的优点、缺点,会因为看法不同而互相转变。如果班主任认为学生身上的某种表现是缺点而一味地加以责备的话,只会令学生更加灰心丧气而已。所以,班主任莫不如转变看法,对那些在学生自己看来是缺点的地方加以表扬,让他明白这其实也是优点。如果班主任能做到这一点,就会取得意料不到的良好效果。当然,班主任需要动一番脑子,对学生缺点的认识能有独到之处,切实指出学生可以在缺点上取得突破的地方。这样,才不会使表扬显得虚假,也才能让学生更为信服。

请看下面的两则案例。

【案例现场】

案例一:

一次,我让学生把语文测试卷拿回家签字,上交后,我发现一个同学擅自更改了分数,我很生气,但是没有立即批评这位同学,更没有大发雷霆,而是在班上说:"凡是改了成绩的同学,请主动到老师那儿改过来。"放学后,这位同学到办公室向我承认了错误。我没有过多地对他进行批评,也没有大讲特讲欺骗的害处,而是因势利导,首先肯定他有很强的上进心,接着又指出要取得好成绩必须靠自己的努力,如果采用不正当的手段,可贵的上进心会变成可怕的虚荣心。以后这位同学再也没有犯过类似的错误,这样既避免了简单粗暴容易造成的抵触情绪和逆反心理,又能使学生心悦诚服、乐于接受。

案例二:

班上有个学生小杨,学习积极性不高,经常和人打架,多次对他进行教育,他就是改不了。有一次,他又把班上一位同学打得鼻血直流,我把他叫到办公室,让他自个儿反省,但他满脸不服地绕着双手,让他写悔过书,他干脆不理,我想要重罚他,但他一定是口服心不服的,于是让他先回家。

为了处理好这件事,我当天放学后就去家访,了解到:他父亲早亡,母亲吩咐他要做个男子汉,要爱护妹妹。这次是因为同学欺负了妹妹,他才出手打人的。我当时就问他为什么不说明原因,他倔强地说:"说了你还是会批评我,反正你们就认为我是坏学生。"我针对这件事,表扬了他的义气,批评了他的冲动,告诉他用暴力解决不了问题,他接受了批评。自此以后,我对他偶尔而发的"打架"事件,采取听原因、指利害的教育方法,并向他讲一些因冲动、暴力而引起的惨剧。逐渐地,有关他打架的事没有再出现过,到最后还能积极协助我处理同学间的小争吵,成为我管理班级的好助手。

【案例小结】

案例一反映了渴望考试取得好成绩是大多数小学生的欲望。受虚荣心的驱使而改分数,自然是应该批评的。但是改分数这一行为也表露了学生的上进心,这是值得表扬的。所以,案例中的"我"先肯定那位同学有上进心,提出表扬,然

结合篇

后又提醒他上进心不能变成虚荣心。通过这种方式，使学生接受了批评。

案例二中小杨动手打人，是因为同学欺负了妹妹。"我"在了解他的家庭情况和动手打人的真正原因之后，表扬了他的义气，批评了他的冲动。同样一件事，换一个角度，就能看到孩子身上的缺点也是优点，用这样的辩证式批评，有助于拉近师生之间的距离，让学生感受到老师对他的理解。

了解了小学生的思维方式与心理结构，班主任在面对学生的错误与缺点时，就应该更宽容一些，看到行为背后的一颗质朴天真的童心。而实践也证明，当班主任用辩证的思维把学生的"缺点"转变为"优点"来表扬时，学生更容易接受在表扬之中的批评。例如，某位同学上课时谈论中午要在运动场进行的班级足球比赛，影响了其他同学听课。无疑，这是违纪行为，可是他热心体育比赛，这未尝不是一种积极进取的心态。某位同学常在课堂上提出刁钻古怪的问题来表现自己，这是一种不良的品行，但是他能用难题难住学生和老师，这说明他肯动脑筋，智力聪颖，而这正是学习所不可缺少的资质。老师们在对他们进行批评教育的时候，不妨首先肯定这些积极的方面，然后再论及错误和缺点本身。这样，批评就显得客观而中肯，就有了力度和深度，学生也就容易接受了。

⊙ 与其批评缺点，不如表扬优点

在中国的小学教育中，由于受传统教育观念"师道尊严"的影响，老师们总是习惯性地压抑住自己对学生的称赞，表现出一种对学生的任何表现都严肃对待的态度，以致有的小学生经常说，得到某某老师的表扬可真难啊！这种状态应该得到积极的改变。

俗话说，数子十过不如奖其一功。对于经常犯错误的小学生来说，表扬是班主任老师推开他们心灵窗户的双手，是投射到他们稚嫩心田的一缕暖阳。与其让小学生面对自己的种种错误，处处挨批，备受打击，不如让他们正视自己的闪光点，看到自己还有长处，还可以进步，从而信心百倍，愉快地配合班主任的工作，在班级中积极表现自己。

接受规律告诉我们，学生对教师的信任和对教师爱心的体会，是他们能否接受批评与表扬的前提。一般而言，表扬和肯定容易使学生感受到教师对自己的注意，适时的肯定，适度的表扬，容易让学生感受到教师的关怀和爱意，从而有助于建立一种良好的师生关系。既然表扬容易建立信任，批评可能会招致抵制，那么为了建立良好的师生关系，与其批评缺点，不如表扬优点。

请看下面的三则案例。

【案例现场】

案例一：

有位教师在上课时，发现几位同学昏昏欲睡，听课走神，本应批评，但教师并未这样做，而是讲道："今天，一、二组的同学听课注意力非常集中，三、四组的大部分同学听课也比较认真，这很好，虽然是下午第一节课，但绝大部分同学能精神振奋，认真学习，值得表扬。"教师的话，犹如"兴奋剂"，大多数同学受到了鼓舞，那几位睡意蒙眬的学生听后也为之一振，打起精神来。

案例二：

我班的一位女同学，她人聪明、酷爱音乐，就是管不住自己，上课爱讲话，尤其是英语课，英语老师想使她全面发展，于是就经常批评她的缺点，却忽略了表扬她的长处，结果引起了她情感上的对立，不但不改，而且愈加变本加厉。直到校歌咏比赛她荣获一等奖时，我语重心长地对她说："你真棒！为班级得到这么高的荣誉，争了那么大的光，真了不起！其实做人、学习都像歌咏比赛一样，只要对自己要求严格，那你将是我们班上最最出色的学生。"从那以后，她完全判

若两人,成绩也进步神速,再没有违纪的现象了。

案例三:

小华是班上的一个特别学生,活泼好动,贪玩,课堂上坐不住,经常做小动作,作业不按时完成,有时还缺交,要不就是大声附和,答非所问,打断讲课。

在一次学校教研课上,他又在我讲课时把话题扯到别处去,我好几次用眼神示意他,他停了几分钟又故态复萌。课后,他又积极帮我收拾教具。我表扬了他在课上善于发言,并让他注意要举手才发言,发言时要听清楚老师提出的问题才回答,不能答非所问,并表扬了他的勤奋,让他以后做组长,负责收作业,但和他协议:他自己首先要完成作业。

此后,他改掉了缺交作业的毛病,上课能专心听课,并能针对问题回答出适当、正确的答案。知识水平不断上升,自制能力强了,得到同学们的一致称赞,被学校评为"优秀少先队员"。

【案例小结】

从上面的三则案例可以看出,面对学生所犯的错误,单纯批评往往不能解决问题,此时不妨放弃批评,运用表扬,进行对比教育。

试想,如果案例一中的这位教师停止讲课,批评学生,课堂气氛一定破坏无遗不说,那几位昏昏欲睡的学生因为自尊心受到伤害,还容易造成和教师的对立;如果案例二中的班主任老师像其他任课教师那样只是批评她的缺点,而不是表扬她取得的荣誉,她又怎么会产生学习的动力呢? 如果案例三中的老师只是批评小华的答非所问,而不表扬他的勤奋,小华与老师之间的关系就不会拉近,也不能取得可喜的成绩。

"数生十过,不如赞生一长",学生多数愿听表扬话,不愿听批评话,甚至一听批评就心理逆反。因此,我们倒不如少批评其不足,多赞扬学生的进步与值得骄傲的闪光点。

⊙ 引导学生进行自我评价：自我鉴赏与自我批评

"教是为了不教"，这句话已被众多的教育工作者所认同。作为教育策略的表扬与批评，也可以按照这个逻辑进行延伸，"表扬是为了学生的自我鉴赏"，"批评是为了学生的自我批评"。

班主任在表扬、批评学生的同时，也在将真善美的价值观念传递给学生，让学生明辨美丑、区分善恶、品评精劣，形成学生自己的生活品位与价值标准。小学班主任老师所表扬过的言辞、行为、人物以及物件，都可能成为影响学生一生的价值参考标准，成为学生进行自我鉴赏的内在动机；随着学生责任意识与自省意识的增强，小学班主任老师所批评过的言辞、行为、人物以及物件，也都可能成为学生进行自我批评、规范自我的重要依据。因此，班主任在表扬与批评学生的时候，要把持住正确的价值取向，给学生以正面的引导。

请看下面的一则案例。

【案例现场】

有一天，小嘉拿着一张写满个人缺点的大纸来找我，要求贴在教室后面的黑板上。缺点从不爱刷牙、懒叠被子，到课堂爱说话、学习无目标等等，足足列举了三十余条。了解后才知道，原来是家长望子心切咨询了所谓的"心理医生"后，逼孩子这样做的。我感到了问题的严重性，这不是逼孩子当众揭开自己的疮疤吗？我灵机一动，何不来个"反弹琵琶"呢？

于是，我先热情地把他表扬了一番："你的做法让老师很感动，你能诚恳地公布自己的缺点，需要多大的决心和勇气啊！不过，公布缺点只是种形式，形式并不重要，重要的是你的行动。老师想了个办法，你看行不行？"于是我和他商定，在黑板上贴一张白纸，请同学们随时发现他的优点以及点滴进步，并写到大白纸上。

结合篇

181

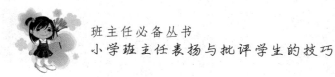

几天的时间，大白纸就有好多同学的留言，表扬他的各种优点。于是，我又对他说："同学们给了你这么多的表扬，你一定不要盲目骄傲。先来仔细地看看同学们所写的话，哪些确实是自己的进步，在后面写上'我做到了'。哪些又是同学们的'过奖'，在后面写上'我会努力的'。你来评价一下自己吧。"于是，小嘉认真地读起同学们所写的表扬评语，在每一条的后面写上了他对自己的评价。

现在，小嘉纪律明显好转，学习大有进步，劳动特别积极，课下，经常见他主动拿起垃圾桶去倒在洗手间里的大垃圾桶里。其他同学也都表现出很大的热情，伸出真诚的手，写下肺腑之言："最近爱劳动，常运动。""知错就改，好同学。""说到做到，相信你能行！"

看到这明显的变化，我感到非常的欣慰，更感到运用表扬艺术，让学生进行自我鉴赏的重要性。

【案例小结】

案例中的班主任用表扬代替批评，引导同学们对小嘉进行监督，给他写出了各种表扬的评语。随后，班主任又要求小嘉客观地品评同学们给他写的评语，进行自我鉴赏，形成了小嘉自身的评价意识与标准。

有一些学生，学习成绩一直处于前列，从小在父母、老师的赞扬下成长，这类学生自尊心最强，接受不了老师直接批评，针对这类学生的心理特征，利用他们的聪明，让他们展开自我批评，从根本上认识自己的错误，从而改正过来。

再请看下面的一则案例。

【案例现场】

某学生小林，是一个品学兼优的学生，但自尊心极强，非常好胜。一次和同学下棋输了，非要再下一局，但同学不愿意，结果他把整副棋子全撒了，两人因此闹起矛盾。我知道后，并不急着批评他，而是让他说一说当时的心情，并说一说自己发脾气对不对。

经过短暂的思考，小林也意识到了自己的问题，于是，慢慢地把当时的心情说了出来，并承认自己不该发脾气。这样让他自己说出自己的不足，比起直面的批评更好。接着我又向他说了人生的一些道理：每个人都有专长，自己并不可能赢得一切，要勇于面对自己的失败，才是进步的动力。自此以后，他能努力控制自己的情绪并为别人的成功喝彩，输就要服输，但又不放弃希望，争取下次再赢。这样，他的心态正常起来，成为智商、情商双赢的优秀学生。

【案例小结】

案例中的班主任没有急着批评小林，而是让他说一说当时的心情，并评价自己发脾气对不对。经过自我反思，小林认识到是自己存在问题，即不敢面对自己的失败，并做了自我批评，承认发脾气是不对的。这样就达到了引导学生进行自我批评的目的，自我批评比他人的批评更能触动学生的心弦，坚定学生改过自新的决心。

表扬与批评的完美结合，需要班主任在实际工作中，用心研究学生特点，研究教育契机，研究轻重比例，使二者达到平衡，并最终促成学生自身的评价标准，积极影响学生一生的为人处世。

结合篇

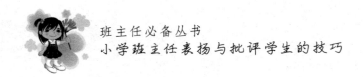

后 记

我从事小学班主任工作虽已有多年,平日也知道对小学生的教育方法里有表扬,有批评,但是对小学班主任表扬与批评技巧进行仔细的研究与思考,还是得益于这本书的汇编工作。自己总结了一句:不立书无以成思,不反思无以成善。

在汇编本书的过程中,我参阅了教育界的同人关于表扬与批评的大量论文与著作,感受着班主任、任课教师以及教育专家们在对表扬与批评的激烈辩论与深刻探讨,这既为我提供了可以参考的资料,又使我感到在表扬与批评的教育策略方面,有很多已被一线教育工作者广泛使用,虽然可以进行理论创新的地方并不多,但运用起来惊喜不断,成效明显。所以,本书对于表扬与批评作为教育策略的理论陈述并无新意,而如果从其作为教育方法在教育案例中运用的角度来说,则可以探讨的方面良多。

汇编的过程也是学习的过程。在本书的汇编过程中,我注重吸取了众多教育论文著作中的精华观点与具有独特性的理念,并与自己的教学实践相结合,力求使自己在反思与总结中,找出表扬与批评运用得更为理想的状态,达到令自己更为满意的教育效果。在寻找资料、研究分析、思考总结的过程中,我对各类学生的教育策略有了一个更为清晰的区分与把握。这个研究的过程,也直接指导着我平时的实际教学工作,使我的班主任教育工作的理论储备更为厚实。

面对"小学班主任的表扬与批评"这一话题,我也经常在思考这样几个问题：小学班主任表扬与批评的技巧与中学班主任有哪些不同？小学班主任与其他小学任课教师的表扬与批评技巧又有怎样的区别与共通？我缺乏中学教学的实际工作经验，自然无法完全弄清楚第一个问题。虽然我既是小学班主任，又是语文任课教师，但是我想第二个问题的答案也是同样的难以回答。好在，我想到，只要从学生自身的发展和需要出发，有区别地去研究教育的对策，就是对学生负责任了。至于老师们之间的区别又何必让老师自身去研究呢？老师的研究对象是学生，那么也自有学生去评说老师。想到这里，我便释然了，专心研究自己手中的那些关于小学生教育的案例与理论。

在汇编创作的过程中，我查阅了国内教育同人关于表扬与批评方面的大量专著、期刊论文以及发表在网络日志中的教育案例与反思等资料，使我颇多感悟。在此，仅将我在本书中所引用的书目及论文名称列于"参考文献"之中，以示尊敬与感谢。

愿小学班主任们将表扬与批评完美结合，表扬促进成长，批评激励进步！

编者：尹江石

2012年5月

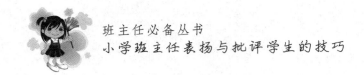

参考文献

学术专著:

1. 修铁编著. 赞美的分寸 批评的尺度. 北京: 中国致公出版社, 2008. 1.

2. [日] 福田健著, 王玉珊译. 表扬与批评的技巧. 沈阳: 辽宁科学技术出版社, 2008. 1.

3. 陈惠英主编. 班主任对学生的激励与处罚. 长春: 吉林大学出版社, 2010. 3.

4. 纪微主编. 班主任的表扬技巧. 长春: 东北师范大学出版社, 2010. 9.

5. 廖康强著. 赏识孩子有技巧, 批评孩子有方法. 太原: 山西人民出版社, 2011. 2.

期刊论文:

表扬篇

1. 张雪梅. 表扬的艺术. 课程教材教学研究 (小教研究). 2008 (11).

2. 龚藻吉, 董彦健. 表扬不应忽视的细节. 教学与管理 (小学版). 2010 (9).

3. 查庆霞. 善于表扬, 促进孩子成长. 小学时代 (教育研究). 2010 (12).

4. 陈卫兵, 童晓芳. 你会表扬孩子吗. 教育科学研究. 2011 (7).

5. 杜晓菊. 恰到好处的表扬能够促使学生走向成功. 华章. 2011 (28).

6. 周艳芳. 教师要善于运用表扬. 学周刊: C. 2012 (1).

7. 陈龙才. 班主任表扬学生应注意的四个方面. 黑龙江教育: 小学版.

2012（5）.

批评篇

8. 李慧梅. 批评艺术与批评后应做好的教育工作——班主任工作体会. 卫生职业教育. 2001, 19（9）.

9. 邱德乐. 班主任实施批评的基本要求. 河南职业技术师范学院学报（职业教育版）. 2004（3）.

10. 崔金宝. 班主任的批评艺术. 中国职业技术教育. 2005（32）.

11. 张国华. 班主任工作中的批评艺术. 科教文汇. 2007（18）.

12. 赖金虎. 谈班主任的批评技巧. 文科爱好者（教育教学版）. 2009（2）.

13. 吴化群. 也说班主任的批评艺术. 文艺生活·文海艺苑. 2009（7）.

14. 吴彪, 刘华玲. 小议班主任的批评艺术. 成功（教育版）. 2009（10）.

15. 毕敏仪. 小学班主任的批评艺术. 中国科技博览. 2009（20）.

16. 卞有勇. 浅谈班主任的批评技巧. 现代教育科学（中学教师）. 2010（4）.

17. 潘立权. 浅谈班主任工作中的批评艺术. 空中英语教室（新教师教学）. 2010（11）.

18. 李喜梅. 简议班主任教师批评学生的艺术. 管理观察. 2010（24）.

19. 阴越. 浅谈年轻班主任在批评学生时语言运用的艺术. 卫生职业教育. 2010, 28（8）.

20. 钱正荣. 巧妙批评殊途同归——谈班主任批评学生的技巧. 中学课程辅导（教学研究）. 2011, 05（1）.

21. 王小勇. 班主任对学生批评的艺术与方法. 神州（上旬刊）. 2011（7）.

22. 姚焕静. 浅谈班主任的批评教育艺术. 教育教学论坛. 2011（11）.

23. 尹吉争. 班主任批评学生的技巧. 新校园：理论版. 2012（1）.

24. 泽仁邓吉. 班主任的批评艺术. 剑南文学：经典阅读. 2012（4）.

参考文献

25. 王兆普. 作为一名班主任, 你会批评学生吗. 课外阅读: 中下2012（7）.

结合篇

26. 鞠强. 表扬与批评的艺术. 企业管理. 2001（2）.

27. 毛建平, 高翔. 表扬与批评在班级管理中的运用. 广西青年干部学院学报. 2001, 11（1）.

28. 牟海云. 谈班主任工作中表扬与批评的艺术. 胜利油田师范专科学校学报. 2003, 17（1）.

29. 贾全英. 正确应用表扬和批评的艺术. 成都教育学院学报. 2005, 19（12）.

30. 吕文飞. 谈对学生实施表扬与批评的艺术. 教育与职业. 2005（32）.

31. 于志红. 班主任表扬与批评的艺术. 现代企业教育. 2006（16）.

32. 范彩云, 仝霞, 谢静. 班主任要善于应用表扬与批评的艺术. 卫生职业教育. 2009, 27（8）.

33. 董建华. 当批评失效时请用表扬. 思想理论教育（下半月行动版）. 2011（6）.

34. 孙明清, 宋英杰. 左手批评　右手赏识——浅谈班主任对学生进行思想教育的技巧. 黑河教育. 2012（3）.

35. 武建莉. 让批评能与表扬同行. 课外阅读: 中下. 2012（10）.

36. 袁臻怡. 表扬与批评在小学生教育中的运用. 考试周刊. 2012（15）.

附　录
"失当师语"与"春风师语"对照一览表

一、当学生在某一方面表现不好时

失当师语	春风师语
真够笨的!	多想想就不会错啦!
你怎么这么坏呢?	我们不能把自己的快乐建立在别人的痛苦之上。
这么简单的事情都做不好,还能干点啥?	做事情要用心,先用脑,再行动。
你怎么这么不认真?	你只要用心做,这些事根本难不倒你。
一点小事总这么计较什么呀?	一个人最大的美德是宽容,如果你懂得宽容,你就会有海一样的胸怀!
你怎么总斤斤计较呢?	心有多大舞台就有多大。
你身上的毛病太多了!	这些缺点,相信你一定能慢慢改掉!
你就是个坏孩子!	你是个很聪明的孩子,只是有一些习惯没有养成,老师相信通过你的努力,一定会进步的!
你为什么总是和同学打架呢?	如果能多一分宽容、多一分谅解,那你会赢得更多更珍贵的友谊!
为什么总有人告你的状?大家为什么都不喜欢你?	平时严格要求自己,让大家都喜欢你,你会拥有更多的快乐。
你不要认为自己很聪明就翘尾巴,比你强的同学有很多。	你确实很聪明,如果用你的聪明加上你的用心、虚心,你会取得更大的进步。
你智商有问题呀?	听写没全错,还对了6个字,有进步。

附录

189

失当师语	春风师语
你不能一条道跑到黑,死心眼。	当你坚持自己的权利时,我想我了解你的感受,但也要想想后果。
我就不知道你怎么想的,你长没长脑子啊?	你可以换个角度想一想,也许会有更好的答案。
你就不能帮他一下吗?怎么这么自私呢!	帮助别人,快乐自己。
你怎么这么笨呢?	别着急,再认真想一想。
你怎么这么自私!	什么事都先想到自己,也要考虑别人的感受,你说对吗?
你怎么这么自私呢?	生活在集体中,为什么不让别人因为你的存在而感到幸福呢?
你疯了!	你能控制住自己的情绪吗?
你一天净事儿!	你大了,能帮老师分担一些事情吗?
什么坏事都少不了你。	你应该严格要求自己呀,老师可不想总批评你。
你怎么什么事都做不好?	用心一点,下次一定能做得更好。
连一个字都不愿意写,没有最懒,只有更懒,你就是懒中之最。	今天你表现得真好,能主动完成作业了,再接再厉哦!
你还敢顶嘴?缺乏教养。	是不是老师错怪你了?我们课下聊一聊,好吗?
你怎么总是打架?	我知道你是一时冲动,冷静下来后悔了吧?想一想,刚才气得动手的理由,现在想来还那么让你生气吗?
你怎么总犯错误,不可救药了!	谁都可能会有错误,只要改正了,仍然是个好学生!
你怎么学得这么费劲!笨死了!	别急,慢慢来,我们再好好想想,一定能弄明白。
你的成绩在班里是倒数的。	只要你努力,老师相信你的成绩一定会提高的。

失当师语	春风师语
你怎么什么事儿也做不好!	老师相信你经过努力一定能做好!
你怎么这么笨呢?	有些问题没太听懂没关系,老师帮助你一起学习、一起解决这个问题好吗?
我们看看这次考试又是哪些人垫底?	这次考试很多同学都有了明显的进步,虽然有些同学的成绩不太理想,但是老师对你们充满了信心,你们不需要和别人比,只要和自己比有进步了,就可以了,而且老师相信下一次你还会比这次做得更好!
总犯错,还不承认!别在那编理由!	承认错误就等于改正了一半,你是个明白孩子。
你怎么这么笨,这么简单,你都不会!	错了没关系,我们再动动小脑筋,认真想一想!
你的保证"一文不值"!	一千个愿望,一千个计划,一千个决心,不如一个行动!
你怎么那么自私?	"人"的结构就是相互支撑,"众"人的集体荣誉需要每个人的参与!
你干什么都没长进。	老师相信你一定行,一次不行,十次、一百次甚至更多次,拿出爱迪生做试验的那股劲,我想灯泡总会发亮。
你怎么总是错,有没有脑子?	经历了风雨才能见彩虹。彩虹终有一天会出现在你面前。
你做事怎么总是磨磨蹭蹭的?	老师相信你能在最短的时间内做好这件事。

附录

失当师语	春风师语
就知道玩,一提学习就没了精神!	咱们先学习,学完咱们一块儿玩! 你的那些好玩的游戏,一会儿不许保留,要教给大家呀! 包括老师!
你怎么这么笨,怎么还不会啊?	这道题有点难,别着急,我再讲一遍。
你怎么每次都考不好?	学习并不难,只要你课前预习,上课积极参与,课后认真复习,成功就属于你。
你死脑筋啊!	开动脑筋,老师相信你能找到更多方法解决问题。
你这辈子算是没有出息了,就这样了!	孩子,如果从今天起,你能够好好学习,以后一定会为国家贡献更多的力量的。
You are so lazy.(你怎么这么懒?)	Attitude is all.(态度决定一切。)
成绩好了就得瑟呀?	偶尔的一百分带给你一时的快乐,一个好习惯带给你一生的快乐。
(学习一首歌时好久也解决不了难点)怎么还唱不好? 真笨!	这么难学会的歌曲,你都能在这么短的时间把绝大部分学唱下来,真让我佩服! 加油,老师相信你一定能唱得更准确!
都做这么多遍了,你怎么还不会呢,真笨!	可能是老师的这个方法不太适合你,我们换一种方法再来试一试,这次相信你一定会成功的!
你咋那么笨呢?	你不笨,老师一直这么觉得。而且你的体形条件很好,表演起来肯定很漂亮。
你咋那么笨呢?	只要认真细心,什么也难不倒你! 动脑筋去想,说错了没关系,老师喜欢肯动脑筋的同学!

失当师语	春风师语
你是全班运动能力最差的。	没关系,你再努力一下,一定会赶上其他同学。
都练习多少遍了还不会,真是连残疾人都不如。	别灰心,再练习时集中注意力,一定会成功的。
再跑快一点儿,蜗牛啊?	加油,老师在前面等你。
一盘散沙,一点纪律都没有!	同学们,我们是最棒的班级对不对? 我们的队伍站得最直!
不要和他一般见识,他就是那样的人。	他已经进步很多了,给他点时间他会进步得更多。
别耍小聪明,认真听讲。	你是一个非常聪明的孩子,如果能再守纪律些,你会有一个辉煌的未来!
你傻呀! 这个都不会。	你再想想,老师相信你一定会的,只不过是忘记了。
你老毛病又犯了?	你忘记答应老师什么了! 你是一个信守诺言的人,老师相信你知道怎么做了。
这么大了鞋带还不会系,笨死了!	老师教你系鞋带,下次自己的事情要自己做哦!
你连幼儿园孩子都不如!	你已经是个小学生了,老师相信你一定比幼儿园时做得更好!
就知道玩,看你长大干啥?	该玩的时候玩,该学习的时候学习,这样才能合理分配时间呀!
别嘚了巴瑟的。	注意礼仪。

附录

193

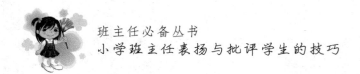

二、用比较式的语言批评学生

失当师语	春风师语
你和好同学比比，差距在哪里?	老师相信你是最棒的，只要你肯努力付出，一定会有收获，你一定会体会到成功的喜悦。
你看，人家×××进步多大，看你，一点进步都没有!	(悄悄单独说)××，你看，最近×××努力了，所以进步很大，老师觉得你要是努力，一定能超过他，加油，好吗?
你看看你同桌的字写得多漂亮，再看看你!	相信你通过不断的努力，书写水平一定会"更上一层楼"!
这么简单的知识，别人都能学会，怎么就你学不会?	老师相信你，你再认真一些，用心一些，一定能学会。
别嘚瑟了，还有比你们好的!	这是你们合作成功的果实，老师为这份成果而欢喜! 更为你们积极参与的精神而叫好!
你看看你，再看看人家，别人是怎么学的!	加油! 老师对你有信心，一定能赶上他!
你看看你，总是做不好，你就不能像××那样吗?	每个人身上都有闪光点，多向同学学习别人的长处，弥补自己身上的不足。
你听听人家说的，多好，你怎么想不到呢?	只有爱动脑筋的孩子，才会有这么精彩的回答。
怎么别人都能写出来，就你不行?	这要是期末就好了，每次到期末的时候你就都会了。
你看某某同学的作业多漂亮，多能干! 你再看看你……	某某同学的作业真漂亮，能力也强! 老师相信你也能做到，或许比他做得更棒。

失当师语	春风师语
都是一样的孩子,怎么就你不听话呢?	昨天你又进步了,今天咱们和全班同学比一比,看看老师的话是你做得最快,还是其他同学。好不好?
你们的画完全都是抄袭,能不能画出点自己的特点?看看人家是怎么画的。	同学们画出了自己的想法,老师找了几幅有特点的作品让大家欣赏,你能说出他们这些作品的主要优点在什么地方吗?
某某班比咱们班强多了,你看看你们。	今天我们进步了,就是第一名。

三、当学生犯错时

(一) 惩罚式语言

失当师语	春风师语
没带作业就罚你写两遍!	今天没带,一定有原因,老师体谅你,明天一定带来,做个言而有信的孩子,老师相信你!
××同学讲的你们听见了吗?我找同学复述,复述不下来的,站着!	别人发言时请注意倾听,第一、这是一个人修养的表现;第二,如果大家都插话,那谁也听不见,这道题就等于白说。所以让我们一起做一个有修养会学习的人。
罚你打扫教室卫生。	奖励你一次劳动光荣的机会。
不认真听讲,站着吧!	为了提高你的学习效率,让你陪老师站一会儿好吗?

附录

失当师语	春风师语
你们几个怎么总不写作业？怎么这么懒呢！再不交作业大课间就别出去玩了！	同学们，书山有路勤为径，学海无涯苦作舟。学习中需要我们的勤奋努力才能取得成功，偷工减料是不会让自己的理想成真的。
你给我上队伍旁站着，想明白错在哪再说。	好好地注意你的个人优点在哪里，发挥你的长处，你会是最棒的！
你这个学生能不能认真练习，不好好练习到旁边去站着。	同学们，体育课一定要把安全放在第一位，你们记住了吗？

（二）恐吓式语言

失当师语	春风师语
你要是没记性，看我怎么收拾你！	这件事你要吸取教训，老师会和你一起改掉这个不好的习惯。
再不改，就找你家长。	我相信你肯定能改掉自己的坏习惯。
你到底怎么回事，明天叫你家长来，听见了吗？	孩子，和老师说说怎么回事呀，下次可要注意。
你怎么又不及格？影响了全班的成绩，知道吗？	跟老师说说是怎么回事？是老师讲课你们听不懂呀，还是试题太难？
再这样，看我怎么收拾你！	最后一次吧，咱们一起努力，管住自己。
我告诉你，你给我好好考，要是再考不及格，看我怎么收拾你。	孩子，轻松地去考吧，只要努力了，就不用去计较结果。
你这个学生到底怎么回事，明天叫你家长来，听见了吗？	会倾听的人，才会发现别人的闪光点。

失当师语	春风师语
再犯类似的错误就别来上学!	犯错误可以,但犯两次同样错误的人就是傻瓜,你那么聪明,不想做小傻瓜吧!
你再考成这样,学校就要把你开除了!	虽然这次没有考好,但老师觉得你很聪明,只要再努力一些,一定会取得好成绩!
(同学不交作业时)不交作业的到老师办公室去补作业,做不完别回家。	"温故而知新可以为师矣"。期待你成为名师的一天。
(同学浪费粮食时)命令你3分钟之内吃完全部剩饭!	请同学们保护自己的胃,别让它挨饿受累!
你都几天没交作业啦?再不交就别来上学了!	记得把作业记在记事本上,回家写完看看记事本,装好书包,明天千万别忘了。
作业改不完,不许吃饭!	先吃饭,然后赶紧改作业,我在办公室等你。
再不听话,就找你家长来陪读!	你一定有困惑、烦恼的地方,能向老师说说吗?
如果你再这么做,我一定会找你的家长。	老师希望学校的事可以直接跟你一起解决,不希望让家长为你再操心了。
你这个学生到底怎么回事,明天叫你家长来,听见了吗?	孩子,和老师说说怎么回事呀?看看老师能不能帮帮你?
谁再说话就让他站着。	说话的人是不是觉得老师一个人站着太孤单了想陪陪老师,和我一个待遇上课啊?

附录

失当师语	春风师语
这么简单的问题你都不会,还上什么学?	老师知道你已经努力了,回答错也没有关系,你在老师心里是好样的!
我一定告诉你爸爸,在家里收拾你!	你爸爸工作那么忙,如果知道了你的表现,一定会很失望,很担心你。
再说我就找你家长来。	老师觉得你已经不是小孩子了,可以对自己负责。老师希望有些事情咱俩就可以解决,不需要你家人出面。
你们几个怎么又不及格?你们几个影响了全班的成绩,知道吗?下次如果要是再不及格,你们就不用来上学了。	跟老师说说是怎么回事?是老师讲课你们听不懂呀,还是试题太难?
就这一次,下次再犯……	君子不贰过,下次不要这样了。
你这个学生到底怎么回事,以后就别来上课了,听见了吗?	孩子,和老师说说你到底怎么回事呀,下次可一定要注意。
一上体育课就说生病,上学挺累的就别来上了。	不能给你上课老师觉得很遗憾,老师想如果我们像朋友一样,你会不会告诉我为什么不爱上体育课?
你们几个怎么总犯错误?你们几个影响了全班的同学,知道吗?下次如果要是再这样,你们就不用来上课了。	跟老师说说怎么了?是老师讲的你不明白,还是不喜欢老师上的体育课?
我告诉你,上课要听话,要是不听话,看我怎么收拾你。	孩子,只要上课能按老师说的去做,你就是最棒的孩子。
我说话的时候你把嘴给我闭上,实在不行就回家!	我希望在我说话的时候同学们能认真听讲,这样才是会学习的学生。

四、当学生质疑及询问时

失当师语	春风师语
能不能不总来告状!	能自己解决问题是一种能力,老师认为这个问题你可以解决,实在解决不了再请老师帮忙吧!
情境:一学生大哭,找老师告状:"老师,他们都说我爱×××。"老师很认真地问:"那你到底爱不爱呀?"学生回答:"我以前爱,但现在不爱了。" 老师:"一天整些没用的,你知道什么叫爱?"	告诉他们,那不叫爱,叫喜欢,难道他们不喜欢×××吗?
别跟我说,没时间。	选个老师不忙的时间说好吗?我一定会用心听你讲话的。
你别跟我磨叽,没时间处理你那些问题。	老师相信你可以自己解决好同学之间的问题。
别总跟我告状,没看我正忙着吗?	有些问题你要学着自己解决,实在解决不了,我会帮你。
一边凉快去。	不扰人要为别人着想,我们都这样做才能维持好秩序。
叫到你你再说。	你真是一个心直口快的孩子,这说明你在认真地听老师讲课,如果能举手发言,同学们和老师会更加用心地听你的见解。
他说你是头猪你就是头猪啊?别理他!	面对飞语要有一个积极的心态。飞语也是对方对你的关注。被别人关注何尝不是一件幸福的事?

附录

199

失当师语	春风师语
写完了可以看会儿书,跟你说多少遍了,还次次都问!	我留意到你每次都写得很快,下次当你拿起书看的时候,老师就知道你已经写完了。
同学之间斤斤计较,小心眼跟针眼那么大。	一个人最大的美德是宽容,如果你懂得宽容,你就会有海一样的胸怀!
这是常识,还用问吗?	敢于提出问题,你的勇气令人羡慕!
这不是课上的内容,别问了。	你真是一个善于思考的孩子,这个问题老师下课为你单独解答好吗?
你怎么又这么多问题?	孩子,你的眼睛可真亮,发现了这么多问题。
你怎么问题这么多!	你很会思考,真像一个小科学家!
你这个问题没有研究的价值。	老师看出你在认真思考了,你能不能换个角度再提出一个问题呢?
不要在老师讲课时提出疑问,有什么问题下课再说。	你们找出了老师的错误,真会观察问题,其他同学也要认真努力,下次留给你们。
这个问题太简单,我不回答。	你的问题难住了老师,希望大家帮助老师,去查资料,共同解决这个问题,好吗?
刚说完就问,刚才听什么了?	倾听是好习惯,懂得倾听才能获得知识和朋友。
老师说,你就要听,不要狡辩。	你有什么想法,也可以跟老师说说,咱们互相交流。

失当师语	春风师语
先把手放下,我还没说完呢。	认真听讲并思考了才会有问题,如果等老师把这段话讲完了还没有解决你的问题,你再把手举起来好吗?
你哪来那么多问题?	这个问题提得多好,我们共同讨论一下吧!
回答问题的时候你接话,有没有教养?	你的思维很独特!但你需要倾听其他人的答案,尊重他人的观点。
你先坐下,这个问题等会儿就讲。	你提的问题正是我们下面要研究的,我们想到一块儿了,心有灵犀,真默契啊。
你先回去吧,别耽误大家时间了。	没关系,让老师和同学们来帮助你,我们一定能想出更好的方法。
你问的问题我都没听过,先坐下。	你的发言给了我很大的启发,真谢谢你!
你怎么这么多事儿呢!	每个孩子都应该有开阔的胸怀,老师觉得你不是斤斤计较的孩子,你觉得呢?

五、当学生上课不听课时

(一)学生随意说话

失当师语	春风师语
你给我闭嘴。	老师看看谁现在最安静,真是大家的好榜样!
把嘴闭上,安静地听!	学会静静地倾听是一种本领,你会吗?
把嘴闭上,你的声音可真难听。	不说话,比比看,谁是最会倾听的孩子。

失当师语	春风师语
你知不知道什么叫做安静？你就不能安静地坐一会儿吗？	孩子，你长大了！今天的课堂上你开始尝试着静静地思考问题了，老师真为你的进步而感到高兴！
把嘴闭上！	请同学们保持安静！
把嘴都闭上！	请大家保持安静！
闭嘴，全都听我说！	同学们，有什么不同意见吗？你说说。
闭嘴！	要注意听同学发言。
你能不能闭嘴？	有事吗？如果有事请下课再说。
在上课的时候，能不能把嘴闭上。	你尝试一下，上课不随便说话，会得到更多。
安静，全都听我说。	同学们，有什么不同意见吗？你说说。
吃饭都堵不住你的嘴！	吃东西的时候不应该说话，否则容易呛到，还不利于消化，影响健康。
老师说话的时候，你们把嘴闭上！	倾听是喜欢老师的一种方式。
你怎么总是说话呀，就板不住吗？	这个时间如果你能静下心来读读书，好习惯就会亲近你的。
你把嘴闭上！你总是不听课，还在下面接话，影响整个班级的纪律！	哦，你真了不起，全班只有你知道答案，回答得还这么准确，但是下次一定记得举手发言！
在同学回答问题的时候，其他同学把嘴都闭上！	学会认真倾听是对别人的尊重！
谁在那嗡嗡呢？上课呢知不知道？把嘴都闭上！	大家认真听，今天讲的知识很重要。
闭嘴，听她说！	看来你对这个问题也很感兴趣，能和大家说说吗？

失当师语	春风师语
在老师说话时,你能不能把嘴巴闭上?	你稍等一下,咱们一会儿一起来解决,好不好?
闭嘴!	听,这是哪个小淘气在发表演说呀!我希望他能暂停一下,休息一下。
你总在关键时刻插嘴,还能不能让我讲课了?	也许你有你的想法,但是老师希望下次你能够先举手呢!
把嘴闭上,你说什么呢?	不说话,我们比一比谁的耳朵最灵敏。
再说话,罚你们抄课文。	请安静,课堂是神圣的,请尊重老师,尊重自己!
都把嘴闭好了。	请同学们安静一下,我们都需要一个安静的学习环境。
把嘴闭上。	倾听是一种美德。
都给我闭嘴,能不能好好听?	请大家安静一下,用心听。
都给我把嘴闭上。	请尽量不要发出声音吧。
谁在随便说话?站起来!	孩子们,说话的这一分钟可就这样浪费掉了,多可惜啊!
你能不能别说话了,把嘴闭上。	请大家保持安静,老师看看谁是最文明的学生。
闭嘴,没叫到你不要说话。	积极发言是优秀的表现,做到有序是最大的优秀。
把嘴闭上,一声也没有。	懂得欣赏安静的人是智慧而深刻的。
闭嘴。	我们先不说话,先听别人把他的想法说完,我们再发表自己的想法,好不好?
你给我闭嘴。	老师知道你是一个语言天才,但天才也得有休息的时候啊。

失当师语	春风师语
把嘴闭上,谁随便说话呢?	瞧××同学听得多认真啊!谢谢你!
把嘴都给我闭上。	老师知道你们的牙齿都很白,但请不要让它们露出来展览。
谁还在那说话呢,闭嘴!	看来有些同学有些自己的想法,所以在下面议论,我希望你站起来和大家一起分享。
把你嘴闭上。	倾听(手做听的动作)!

(二)学生不听课,溜号

失当师语	春风师语
这么简单的问题都不会,你都听什么了,干什么了?	孩子,不要紧张,再仔细想一想,老师可以提醒你一下。
这道题我都讲了多少遍了,你还做错,上课都听什么了?	我们换个位置吧,你当老师,我做学生,你给我讲讲这道题该怎么做?
老师讲题呢,能不能把头抬起来!	现在女同学怎么这么好呢?男同学,怎么脑袋太沉了,抬不起来了?来来来,我们一起来看这道题!
又没听课,答不上来了吧?	说错了没关系,老师会帮助你的!
老师都讲过了,你一定是没听课,都干什么呢?	你能说出自己不懂的地方,真棒!正因为有不懂的,所以要学习,你说对吗?
不愿意听课就出去!	老师不希望有任何一个人落后,所以请所有学生都和老师一起学习新知识,把你的注意力集中在书本上,而不是周围的事物上。

失当师语	春风师语
你再不听课,就到后边坐着,别浪费好地方。	坐在这里多好,能清楚地看到老师讲课,要好好珍惜,有不懂的地方要及时问啊!
你不想听课就出去,不要影响其他同学。	课堂时间多宝贵啊,别浪费大好时光啊!
你看看你这样子,你能不能给我专心点!	用心才能做好事,老师才更喜欢你呀!
你怎么这么不听话?	老师再告诉你一遍,注意听。
老师刚才说话,你听什么了?	让同学先帮你解释吧,老师补充。
你在那儿想啥呢?上课不听课,出人不出力!	倾听是很好的学习习惯,学会了倾听,你就已经叩开了学习的大门。
你上课怎么总是溜号?	认真听讲是一种学习能力,你要努力啊!
你长没长耳朵?	这次你再认真听一次!
我刚讲完你就不会,你都听什么来着?	老师刚才已经讲过了,需要这么做,看来你要集中注意力了。
××同学,你又溜号,老师一节课点你几次了?	你这节课的表现,明显比上节课要好很多,只是希望你能更加集中精神,会有更大的进步。

六、当学生回答问题时

(一)回答问题声音小

失当师语	春风师语
你能不能大点声,谁能听见呀?	如果你的声音再洪亮些,相信大家一定会把你的意思理解得更透彻。
你说话声像蚊子!	你用你洪亮的嗓音告诉大家你是男子汉!

附录

失当师语	春风师语
说话声像蚊子似的那么小,谁能听得见?	你很有创见,请再响亮地说一遍。
回答问题蚊子声音,没吃饱饭啊?	最近怎么有些沉闷?我需要你的热情!
声音太小,我都听不见。	你的声音真好听,令人耳目一新,请大声地让所有的同学都听到你美妙的声音吧!

(二)回答错误

失当师语	春风师语
话都说不完整,下次别举手!	虽然你说得不完整,但我还是感谢你的勇气。
你怎么净瞎说呢?	老师最喜欢有想法、爱表达的孩子!
你看她读得多好,你怎么读那么难听?	听你们朗读是一种享受,你们不但读出了声,而且读出了情,我很感谢你们。
你连话都说不完整,还能干什么?	虽然你说的话不完整,但是老师要为你的勇敢鼓掌。
你到底说不说话?不要耽误时间。	老师知道你一定在认真思考,再给你点时间,好吗?
你说的这是什么啊,简直是太不像话了!	你的想法很有创见,这非常珍贵,请再响亮地说一遍。
你说的与课堂无关,想好了再说!	你的课外知识真丰富,都可以当我的老师了!
说哪去了,说跟课堂有关的内容!	你能说出这么多想法,说明你动脑筋了!
你说得不对,坐下听别人说!	没关系,坐下听听其他同学的发言,想想自己错在哪里了。

失当师语	春风师语
答错了, 坐下!	你虽然回答错了, 但是非常有价值, 提醒了其他同学不再犯同样的错误。继续努力!
没想好以后别举手。	你还没想好, 没关系, 请坐下, 再想想看。
你能不能说重点!	不用着急, 慢慢地说, 大家都相信你能说得很好。
说话结结巴巴的, 能不能想好了再说。	回答问题前一定要深思熟虑, 完全想清楚了才能有出色的表达, 你说是不是这样?
没有想好举什么手?	你还没想好, 先坐下, 听别人回答!
没举手就在下面发言, 这么没礼貌!	我发现有些同学思维很敏捷, 反应特别快。如果你手的动作能比嘴快就更好了。
不太好, 请坐。	来, 再试一次, 你会做得更好。
你的答案不对。	你很勇敢, 说错不要紧, 关键是敢于发表个人见解!
下次想好再举手, 浪费大家时间。	不用着急, 慢慢地说, 大家相信你一定会说得很好。
你回答的问题简直是答非所问。	你是一个很有想法的孩子, 你的见解很有创意!

七、当学生遇到学习障碍时

失当师语	春风师语
你怎么这么笨, 这道题做了这么多遍还不会?	别放弃, 再试几次, 坚持下去准能行!

失当师语	春风师语
刚才讲的你没长眼睛看啊!	要留心注意看才能快速完成任务。
我说几遍了,你还听不懂?	你看,这就是不注意听讲的后果吧! 去问问别的同学吧!
都几遍了, 还不会!	别急着来给老师看,先细心检查一下。
你怎么这么笨呢?	读过《三个小板凳》吧, 爱因斯坦小时候还不如你呢, 可是他没有气馁, 朝着自己的目标坚持不懈, 终于取得了举世瞩目的成绩, 你也一定行。
我已经讲了两遍了,你怎么还不懂?	别灰心,加把劲一定能成功! 希望你继续努力,做得更好!
你怎么学习这么费劲呢?	这点小困难怎么能难倒你呢! 加把劲,你一定会征服它的。
做一遍,错一遍,老师也无奈了。	老师知道你已经努力了,回答错也没有关系,你在老师心里是好样的!
谁让你上课不认真听课了? 这题都不会!	这题课堂上老师强调过了,你再看看,回忆回忆,动动脑筋,你一定能做出来的。
这么简单的问题都答不上,你是怎么学的?	没想好吗? 请你坐下再想一想,同时听一听其他同学的看法。
你怎么得这么点分? 怎么学的?	你的分数虽然不高,但分数不是最重要的,通过这次考试,你要找到自己的不足,看看下一步自己要在哪方面加强,不会的题可以问老师。

失当师语	春风师语
你脑袋不好使啊,咋还记不住呢,讲了多少遍了!	记不住没关系,老师再给你讲一遍,不过这次你要用心听啊!
做一遍,错一遍,老师也无奈了。	老师知道你已经努力了,回答错也没有关系,你在老师心里是好样的!
都跟你说了多少遍了,怎么总记不住呢!	聪明的孩子一定懂得怎样把自己的事认真做好。
一考试就啥也不会!我讲课的时候,你寻思啥来的?	老师看到了你的努力。如果能在课堂上认真听课,考试一定会取得更好的成绩的。
什么都不会,上课听什么了!	我相信只要你认真思考,这道题你一定能做出来!
改这么多遍还改不对,上课听什么了?	细心点,相信你会做对的!
这个问题我刚刚讲过,你还回答不出来,你听课了吗?	这个问题我刚刚讲过,可能是我没说清楚,我再讲一遍,有不懂的地方你就提出来。
为什么这个问题你不会?刚才是不是没听讲?	请同学帮你回想刚才老师提的问题,好好想想,你会答出来的。
这道题都讲了多少遍了,你怎么还不会做,上课能不能认真听讲?	这道题老师已经反复强调,你还是出现了错误,说明你还没有理解,老师再给你讲一遍,你一定要认真听。
这个重点已经反复强调了,为什么还错?多写几遍!	这个重点大家在反复强调后还是出了错,这就是我们真正不会的问题,请大家做好重点的标注,下次作为重点复习。

附录

失当师语	春风师语
都讲几遍了,你还不会?	这道题有点难,别着急,老师再给你讲一遍,相信聪明的你一定会听懂的。
都讲几遍了,你怎么还不明白?	你还有哪些地方没听明白,你能告诉我吗?
这道题讲多少次了,你还不会,你到底听没听课啊?	这道题有点难,没听懂也没关系,下课老师再给你讲讲,或者请教听懂的同学也可以。
讲完了还不明白?没听课是吧?	你能说出自己不懂的地方,真棒!正因为有不懂的,所以要学习,你说对吗?
老师讲好几遍了,你怎么还不会?	这个问题非常简单,加把劲,你一定能解决。
刚刚讲过的问题怎么还不会?	老师看得出你不是一个笨孩子,你回答不出这个问题是因为你刚才没有认真地听讲,漏学了知识,现在老师帮你补回来,希望不要犯同样的错误了。
这题我都讲多少遍了?还不会?	这道题有点难,别着急,我再讲一遍。
这个问题讲了好几遍了,怎么还不会呢?	多问,多看,相信你会解决这个难题。
这么简单的问题你都不会?	孩子,动脑筋试一试,相信你会有思路的。
都几遍了,怎么又写错了?	再想想老师刚才是怎么讲的,看看你改的和老师讲的哪里不一样?

失当师语	春风师语
自己想办法解决，别给老师添麻烦。	来，让我来帮助你，一起战胜这个困难！

八、当学生交作业时

（一）书写不工整

失当师语	春风师语
你瞧瞧你前边的同学，人家学习多踏实；再瞧瞧你同桌，人家作业多工整；你再瞧瞧你自己，做什么都不认真！	向别人学习，取长补短，你会越来越棒！
你这字是用手写的吗？人家用脚写的都比你写得好。	写字同做人一样，要踏踏实实、认认真真，你再仔细观察一下字的结构，相信你能写好每一个字。
你作业写得也太乱了！	其实用心点，你字写得很漂亮，努力啊！
瞧瞧你的字，像个什么样子，能不能写好了，重写！	看看，多么有精神的小伙子，这字老师怎么看也不像你写的，重写一遍证明一下好吗？
记录得潦草，不够认真。	我相信你会成为一个优秀的记录员，可以详细、端正、清晰地做好实验记录，老师期待你的表现。
你的字写得太差了！	和上次作业相比，你还是有进步的。加油！相信你一定会写得更好！
瞧瞧你的字，像个什么样子，结构太难看了，而且太乱了，能不能写好了！	你最近的作业写得真整洁，有很大的进步！你写的字就像你一样帅气！
你怎么把作品画得这么差呢？	阳光总在风雨后，没经历挫折的风雨，怎能看到成功的彩虹？

附录

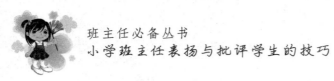

失当师语	春风师语
你画的是什么啊? 乱七八糟,不合格,重新画!	能说说你的创意吗? 如果稍加修饰,会使你的画更完善更精彩,好吗?
作业怎么写这么差呢!	字是一个人的门面,老师希望你的字能像你的人一样漂亮!
你写的字像狗爬!	你的字如果像你的人一样干净、帅气就好了!
这篇字写得太难看了,再这么写就重写。	你这篇字写得没有平时的水准,下次要更用心一些,相信你一定能写得很漂亮。
你的字写得真难看。	一笔好字可以让写的人心情舒畅,让看的人赏心悦目,好好练字,何乐而不为呢?
这字能不能好好写?	作文很出色,如果把字写漂亮对老师来说才是完美的享受!
你的作业本写得简直糟糕透了,重写!	老师相信你会写得更好,再认真一些,写出一份更漂亮的作业。
作业写得太乱了。	你的作业又进步了,再整齐点会更好!
作业书写太潦草,重写!	字如人面,不想把你的作业写得像你的"小脸蛋"一样干净漂亮吗? 美好的东西总是让人向往的,不信再写一遍试试,你一定能写得更好!
你的作业是用手写的吗? 这么乱?	昨天有很多的课? 从作业上猜出来的,这些字都抗议你时间不够,不过好多字我都没看懂,要不你给我讲讲? 可是不能每次写完作业都让你给我讲啊,下次要写工整些!

失当师语	春风师语
作业怎么写得这么差、这么乱!	你只要认真去书写,就一定可以写得很好,加油孩子!
你看你本子弄得破破烂烂的!	本子是我们学习的朋友,你为它穿一件衣服,让它干干净净的,像你一样漂亮多好啊!
你写的字真砢碜!	你的字如果写得像你的人一样干净、帅气就好了!
你看你作业错这么多,太差了。	来,咱们一起看看这次的作业,哪儿还没有弄清楚,咱们一起分析分析。
把你的作业拿回去,写得太差了!	你的作业完成得还可以,但是还有进步的空间,你有没有信心做得更好呢?
你的字写得太差了,能不能好好写?	你的字写得有进步了,要是再认真点就更好了,老师相信你一定能写好!
你磨蹭什么呢?快点写呀!	老师相信你能很快完成这次作业的,快动笔吧。

(二)忘带作业

失当师语	春风师语
You always forget your homework.(你总是忘带作业。)	Habit is second nature.(习惯成自然。)
你总忘带作业,怎么不把你忘家里!	下次要记得带作业,回家写完作业之后要看看作业单装好书包,下次要记得改正。
作业怎么又忘带了?咋不把你落家呢?	我们一起努力,改掉丢三落四的毛病,好吗?
忘了带作业本了,你怎么没忘了你自己?	明天带来,下次别忘了。

附录

失当师语	春风师语
你咋不长记性呢？总是忘带作业？	我想，你今天忘带作业，一定是有原因的，说说看吧。谁都可能会有错误，只要改正了，仍然是好学生。
怎么又忘带了，饭怎么没忘吃？	明天不会忘了吧，咱们一起想个办法记住这件事吧！
你的作业怎么总忘写，为什么别人都不忘，而你偏偏忘记呢？	你是聪明、可爱的孩子，为什么不认真写作业呢？老师多么希望你从小养成做事认真的习惯啊！认真写作业好吗？老师相信你！
怎么又忘带学具了？怎么不把自己落家呢！	没带学具多影响学习呀！下次装书包之前一定要按照课表好好检查一下，养成好习惯。
这都是你第几次忘带作业了？到底是没带还是没写啊？	老师相信完成作业对你来说，根本不是一件难事，更加相信你以后会按时交作业，对吗？